LIVROS QUE
CONSTROEM

Biblioteca Filosofia – 2

Volumes Publicados:

1. Pitágoras e o Tema do Número – Mário Ferreira dos Santos

2. Platão – O Um e o Múltiplo – Mário Ferreira dos Santos "Comentários Sobre o Parmênides"

PLATÃO – O UM E O MÚLTIPLO

"Comentários Sobre o Parmênides"

S236p
   SANTOS, Mário Ferreira dos
      Platão — O um e o múltiplo: comentários sobre o Parmênides / Mário Ferreira dos Santos. São Paulo : IBRASA, 2001..
      207p. (Filosofia; 2)

      Bibliografia

      1. Platão 2. Filosofia 3.Metafísica I. Título

                                    CDU 111.1
                                        141.131

Índices para catálogo sistemático:

Filosofia: Essência 111.1
Platonismo 141.131

PLATÃO
O UM E O MÚLTIPLO

COMENTÁRIOS SOBRE O "PARMÊNIDES"

MÁRIO FERREIRA DOS SANTOS

IBRASA
INSTITUIÇÃO BRASILEIRA DE DIFUSÃO CULTURAL LTDA

Direitos exclusivos
para a língua
portuguesa da

IBRASA
INSTITUIÇÃO BRASILEIRA DE DIFUSÃO CULTURAL LTDA.

Rua. Treze de Maio, 446 - Bela Vista
01327-000 - São Paulo - SP
E-MAIL editora.ibrasa@uol.com.br
E-MAIL editora.ibrasa@ig.com.br
WWW.IBRASA.COM.BR

Copyright © 2001 by
MARIO FERREIRA DOS SANTOS

Nenhum trecho desta obra poderá ser reproduzido, por qualquer meio, sem prévio consentimento, por escrito, dos editores. Excetuam-se as citações de pequenos trechos em resenhas para jornais, revistas ou outro veículo de divulgação.

Capa:
Antonio Carlos Vetura

Revisão
Yolanda Lullie dos Santos

Editoração eletrônica de:
CÍRCULO EDITORIAL

IMPRESSO EM 2010

IMPRESSO NO BRASIL - PRINTED IN BRAZIL

COLEÇÃO "FILOSOFIA"

A Coleção Filosofia tem a intenção de propiciar ao leitor o acesso a obras raras de grandes filósofos a pensadores de reconhecida autoridade e qualidade.

Filosofia e Sabedoria no sentido Tradicional, enquanto conhecimento do Imutável e das Idéias, permite o desenvolvimento de um saber profundo, gerando a possibilidade da compreensão das causas primeiras e dos princípios, assim como das ciências que delas derivam.

Filosofia em sintonia ética e moral com a Sabedoria em busca do Bem, do Belo e da Verdade : pois só é sábio o filósofo que vive o seu conhecimento. Saber é Ser.

Os Filósofos, enquanto amigos e amantes da sabedoria, pensam e se inspiram com o Intelecto/Coração e não somente através da razão.

Esperamos contribuir para que o homem do nosso tempo, possa resgatar, com estas obras, a transcendência do pensamento na construção de Uma vida mais humana.

ALUÍZIO ROSA MONTEIRO JR.

SUMÁRIO

Prefácio 13
Introdução ao "Parmênides" 19
Significação e Autenticidade de "Parmênides" 24
O Poema de Parmênides 27
– PARMÊNIDES – (ou "Das Formas" – Gênero lógico) 31
  • Céfalo, Adimanto, Glauco, Antífon 33
  • Pitódoro, Sócrates, Zeno, Parmênides, Aristóteles 34
  • Sócrates e Zeno 35
– COMENTÁRIOS – 39
  • A Aporia do Número 40
  • A Semelhança 41
  • O Logos 43
– PARMÊNIDES E SÓCRATES – 45
– COMENTÁRIOS – 48
  •A Exegese Platônica 50
  • A Similitude 51

- Fundamento da Relação 52
- Os Relativos 54
- PARMÊNIDES – (Continuação) 56
- COMENTÁRIOS – 59
- A Dupla Abstração 60
- A Mímesis 62
- A Assimilatio 63
- A Crítica de Aristóteles 64
- As Formas 66
- A Forma como Proporcionalidade Intrínseca 67
- O Arithmós 69
- A Substância das Formas 71
- Existencialidade das Formas 73
- A Tríada Pitagórica e a Platônica 74
- A Coerência Filósofica 75
- A Abstração 76
- A Crítica de Ross 78
- Natureza das Formas 79
- A Participação por Composição 81
- O Ser para Platão 82
- A Forma em Si 84
- Exame do Diálogo 85
- PARMÊNIDES – (Continuação) 87
- COMENTÁRIOS – 88
- A Matéria para Platão 89
- A Humanitas 90
- Formas sem Subjetividades Representativas 92
- A Forma Platônica 93
- Participar é Receber 94
- O Argumento do Terceiro Homem 96
- PARMÊNIDES – (Continuação) 98
- COMENTÁRIOS – 100
- • A Subsistência das Formas 101
- • A Infinitude das Formas 101
- • A Imutabilidade 102

- • As Formas e o Ser Supremo 103
- • O Tema da Emanação 104
- • As Substâncias Separadas 106
- • A Criação 107
- • Participação por Semelhança 108
- • Problemática do Um e do Múltiplo 110
- • Realidade do Mundo Sensível 111
- • A Semelhança Deficiente 112
- PARMÊNIDES – (Continuação) 116
- COMENTÁRIOS – 124
  • O "Outro" 124
  • Ato e Potência 125
  • O "Logos" 127
  • O Nada 129
  • A Criatura 130
  • Participação e Imitação 131
- O UM E O MÚLTIPLO – 136
- • O Ser Indiviso 137
  • A Necessidade do Um 138
  • Espécies de Unidade 140
- PRIMEIRA HIPÓTESE: SE O UM É 142
- COMENTÁRIOS 145
  • O Um é Ilimitado 146
- PARMÊNIDES – (Continuação) 148
- COMENTÁRIOS – 151
- PARMÊNIDES – (Continuação) 153
- COMENTÁRIOS – 157
  • A Incomensurabilidade 158
  • A Identidade do Um 159
- PARMÊNIDES – (Continuação) 161
- COMENTÁRIOS – 165
  • A Participação Temporal 167
- PARMÊNIDES – SEGUNDA HIPÓTESE: SE O UM É ... 169
- COMENTÁRIOS – 172
  • Sophisma Suppositionis 173

- A Aporética e a Filosofia 173
- O Iniciático em Platão 174
- PARMÊNIDES – (Continuação) 177
- COMENTÁRIOS – 180
- PARMÊNIDES – (Continuação) 182
- COMENTÁRIOS – 184
- • Monas 185
- PARMÊNIDES – (Continuação) 187
- COMENTÁRIOS – 189
- PARMÊNIDES – (Cotinuação) 192
- COMENTÁRIOS – 194
- PARMÊNIDES – (Continuação) 196
- COMENTÁRIOS 200
- PARMÊNIDES – (Continuação) 203
- COMENTÁRIOS 207
- • O Sofisma da Diferença 208
- PARMÊNIDES – (Continuação) 210
- COMENTÁRIOS 217
- PARMÊNIDES – (Continuação) 219
- COMENTÁRIOS – 227
- PARMÊNIDES – TERCEIRA HIPÓTESE: SE O UM É E NÃO É 230
- COMENTÁRIOS – 240
- • A Unicidade 241
- PARMÊNIDES – HIPÓTESE DA NÃO EXISTÊNCIA DO UM 244
- COMENTÁRIOS – 249
- PARMÊNIDES – (FIM DO DIÁLOGO) 251
- COMENTÁRIOS – 260
- COMENTÁRIOS FINAIS – 263

PREFÁCIO

COGNOSCETIS VERITATEM ET VERITA LIBERABIT VOS
JOÃO, 8, 32.

Quando estudante de Filosofia, às voltas com os pensadores modernos, quanto mais estudava menos conhecia. Foi então que tive a felicidade de conhecer a obra de Mário Ferreira dos Santos. Seu trabalho, de fôlego, me surpreendeu pela clareza e o genuíno espírito filosófico. Através dele pude reorganizar meus estudos — e minhas idéias — e seguir uma trilha mais segura e frutífera. Entre outras coisas, sua obra ensinou-me a pensar dialeticamente, o que favorece o discernimento entre a verdade filosófica e a *doxa* (opinião).

A obra de Mário Ferreira dos Santos é excelente como introdução tanto à Filosofia como à nomenclatura e conceitos aristotélico-tomistas. É um grande instrumental para a formação de educadores e jovens. Livros como *Pitágoras e o Tema do Número* (editado nesta Coleção), *Filosofia da Crise*, *Filosofia e Cosmovisão* e *Tratado de Simbólica* deveriam ser parte integrante de qualquer biblioteca.

Platão trata, na teoria das formas (idéias), do discernimento entre a quantidade e a qualidade. Esta teoria concebe o ser constituído de matéria (quantidade) e uma qualidade formal. A matéria é corruptível e se dá no tempo e no espaço. A qualidade é uma forma (idéia) arquetípica livre das determinações espaço-temporais.

O *Um e o Múltiplo* discute, essencialmente, a teoria das formas de Platão, e discorre com retidão sobre o real significado desta visão epistemológica (do conhecimento), apontando soluções que não estão fora do nosso alcance; ao contrário, valorizam aquilo que é mais nobre no homem: sua inteligência, entendida não como discursiva e parcial, mas como direta e total. Este conceito de inteligência, muito bem explicado pelos primeiros pensadores cristãos, Orígenes e Clemente de Alexandria e por Nicolau de Cusa no final da Idade Média, assim como pelo neo-platônico Plotino, por Ibn Arabi no Islam e na Índia Védica por Shankara, foi magistralmente apresentado pelo contemporâneo Frithjof Schuon (a ser editado nesta Coleção).

Diante das inúmeras questões que assolam o homem moderno, a teoria das formas de Platão oferece alternativas que valorizam o intelecto humano. Ela se refere à busca da essência das coisas, convidando o leitor a sair da caverna[1] e se defrontar com a luz da verdade. Na caverna estão as crenças no progresso e na evolução dos seres, a ilusão com relação à globalização e as opiniões e subjetividades com relação ao homem e seu contexto individualista e egocêntrico. Todas essas crenças inibem o intelecto humano, escravizando o homem a uma forma de conhecimento meramente sensível e lógico-racional.

A Crença no Progresso e na Evolução

Na teoria das formas de Platão, o *um* simboliza a qualidade arquetípica do ser e é estática, enquanto o *múltiplo* representa a manifestação desta qualidade no tempo, e é dinâmica e múltipla. O mundo da existência é constituído pela multiplicidade dos seres, onde cada ser participa da forma eidética, ou seja, de sua

---
1. Nos referimos ao Mito da Caverna da obra *A República*, livro VII. Este importante mito sinteliza simbolicamente a obra de Platão, ao narrar a condição do homem existencial em sua busca do Bem Supremo.

qualidade. Logo, a existência se caracteriza como a maior ou menor adequação do ser à sua qualidade.

Na natureza, por exemplo, existe uma multiplicidade de árvores. Todas elas estão subordinadas às determinações do espaço e do tempo e, portanto, enquanto seres existenciais, estão sujeitas à corrupção e ao ciclo de vida e morte e ao contínuo vir-a-ser. Por outro lado, há algo que a árvore simboliza que faz parte do seu ser, mas que a transcende no tempo e no espaço, que é a sua qualidade. Por exemplo a qualidade de ser vertical está na árvore, mas existe no intelecto independente da existência da árvore. Imaginemos que todas as árvores tenham desaparecido do mundo da existência, *quod absit*. Isso não significa em hipótese alguma a morte da *idéia* de árvore e de sua qualidade de ser vertical, pois, segundo Platão, a idéia precede a coisa.

Se os seres, segundo a concepção moderna, estão em constante mudança, como podemos captar sua qualidade e, por consequência, sua unidade? Evoluir e progredir é abrir mão da objetividade do ser e se lançar no mundo do contínuo vir-a-ser, onde não há uma certeza com relação ao sentido real das coisas, mas uma constante e contínua indefinição dos seres.

A teoria das formas de Platão é um convite para sairmos do mundo da ilusão, da caverna, e contemplarmos a verdade a partir da qualidade das coisas. Para aqueles que acreditam na hipótese da evolução e no progresso, este livro pode ser uma *perda do tempo* e uma abertura para um caminho mais seguro e certo: o caminho das formas, onde os seres se adaptam ao dinamismo do mundo em função de uma qualidade estática. Na ausência da qualidade, o ser é um constante vir-a-ser, não se definindo objetivamente para o intelecto humano. Por isso, sob o ponto de vista da hipótese da evolução, os seres perdem o direito de serem qualidade, pois do contrário teríamos que admitir que a qualidade do macaco é idêntico à qualidade do homem.

A Ilusão da Globalização

A civilização ocidental moderna deposita enorme importância no processo histórico. A realidade política e social de um país é fruto, segundo a tendência filosófica materialista, de um processo de lutas sociais e políticas. Sem dúvida, trata-se de uma visão que possui certa validade, pois o fato da história se dar no tempo já pressupõe certo encadeamento e ordenação dos fatos numa lógica de causa e efeito. Mas, como a história se explica apenas em função do paradigma temporal, isso resulta em afirmar que o atual é o que é mais recente, e assim pressupõem-se que o leitor do jornal de hoje está mais atualizado do que o leitor da obra de Platão. A questão que se coloca é: como entender o tempo na temporalidade? Ou ainda: como conhecer o múltiplo na multiplicidade?

A teoria das formas de Platão nos convida a transcender o tempo e o múltiplo, não porque estes sejam ilusórios e sem significado, mas porque são limitados e relativos, e portanto, não possuem um significado em si mesmos, mas simbolizam uma realidade arquetípica que transcende a realidade das aparências. Se a história tudo explica, o que irá então explicar a história? Se o tempo de hoje somente se explica em função do tempo passado, como explicar a realidade das profecias?

Acreditamos que o leitor de Platão pode estar muito mais atualizado que o leitor do jornal de hoje, pois se o último conhece todos os fatos e detalhes da globalização moderna, o primeiro pode conhecer o conceito da unidade e discernir de modo mais claro o tipo de "unidade" que a globalização está propondo.

O fenômeno da globalização e do desenvolvimento tecnológico sem dúvida marca um momento histórico da humanidade, mas não representa, de forma alguma, uma superação da teoria das formas de Platão. Cada ser (indivíduo) é um, mas isso não significa que a unidade seja a soma de todos os indivíduos, pois a unidade não é quantitativa e sim qualitativa. A globalização não é uniforme, pois determina uma única forma e um mesmo padrão para as diferentes culturas e civilizações. Logo, se não é unidade, ela não pode ser vista como o resultado de todo um processo histórico e temporal, mas apenas como um aspecto e uma possibilidade cíclica do tempo.

É importante notar que a teoria das formas de Platão, tão bem apresentada por Mário Ferreira dos Santos, deixa claro que não há unidade na ausência do Ser Supremo. Logo, que tipo de unidade, segundo Platão, a globalização está propondo? Se as religiões ortodoxas oferecem diversos caminhos para a Unidade, a Globalização propõe apenas um caminho para a uniforme. Esta pseudo-unidade pretende integrar povos e culturas, que por natureza são distintos; e procura desintegrar no homem o sentido de unidade transcendente, pois a globalização busca uniformizar o múltiplo e nada mais.

A Ilusão das Opiniões e do Ego

O racionalismo cartesiano e as filosofias decorrentes valorizam a parte em detrimento do todo. Descartes divide o objeto em quantas partes forem necessárias para melhor conhecê-lo. O paradigma cartesiano se caracteriza como o da divisão e da análise (separação).

Há, portanto, uma valorização do múltiplo e do objeto em si mesmo e não importam as relações do objeto com o seu redor. Desta concepção surge a tendência de privilegiar o especialista em detrimento do universalista. O múltiplo em sua particularidade torna-se mais relevante do que o um em sua universalidade.

Para Platão, o múltiplo deve ser conhecido em função da sua unidade, pois quanto mais o conhecedor se detém nas particularidades do objeto, mais ele se distancia da qualidade essencial do mesmo. Por exemplo, a medicina racionalista divide o homem em minúsculas partículas e sobre elas possui um conhecimento quantitativamente válido. Porém, na mesma proporção, desconhece a verdadeira razão de ser do homem: o sentido da sua existência. Ora, de que vale o conhecimento das partes, se delas não se pode captar o todo, e além disso, perceber o sentido que existe por detrás do todo?

Para aqueles que acreditam que o ser humano é ontologicamente indeterminado e que o ego, com suas tendências, fantasias, preocupações e sonhos, expressa a razão única e absoluta da existência humana (*cogito ergo sum*), a teoria das formas de Platão é um *novo tempo*, onde o indivíduo percebe sua determinação em função do absoluto. Aqui, a dimensão do ego se torna relativa à qualidade ontológica do ser. Neste sentido, o desenho ôntico do destino de uma pessoa está subordinado à busca que essa pessoa faz da sua essência ontológica. A pergunta "o que sou?" precede "o que estou sendo?" Não é o caso, portanto, de se conhecer através do tempo, mas de se conhecer para entender e superar o tempo. O que sou hoje e agora só é importante em função do que sou sempre! No paradigma cartesiano a parte é mais importante que o todo, logo o ego individual prevalece sobre a forma humana. Para Platão, a frase socrática "conheça-te a ti mesmo", longe de significar o autoconhecimento egocêntrico e psicológico, representa o conhecimento da essência ontológica do ser, isto é, a qualidade humana que o homem em sua particularidade existencial deve buscar, para de fato reconhecer sua essência e assumir sua verdadeira forma humana.

A obra de Mário Ferreira dos Santos aqui reeditada oferece um profundo exame com relação à possíveis questões acerca da teoria das formas, apresentando de modo claro, porém filosófico, os conceitos de similitude, semelhança, participação, abstração, forma, matéria, imutabilidade, unidade, emanação, criação, ato e potência, entre outros, que, se por um lado podem facilitar a leitura de Platão ao iniciante em filosofia, por outro, desafiam os modelos sedimentados dos experientes, exigindo uma releitura desta obra, que apesar do tempo, será sempre referência, por ser filosofia perene.

Álvaro Augusto Schmidt Neto
Mestre em Educação

São Paulo, 13 de julho de 2001

INTRODUÇÃO AO "PARMÊNIDES"

Para Chambry, as verdadeiras intenções de Platão ao escrever "Parmênides", que tem sido objeto de tantas controvérsias, podem ser divididas em duas linhas opostas. Acentua que Proclo já dizia que "alguns, em seu comentário sobre "Parmênides", em nada se preocupam com o título do diálogo (das formas) e consideram-no como um exercício lógico. Dividem o diálogo em três partes: a primeira encerra a exposição das dificuldades da teoria das formas; a segunda contém, em resumo, o método ao qual devem aplicar-se os amigos da verdade; a terceira dá um exemplo desse método, a saber: a tese de Parmênides sobre a unidade. A primeira parte tem por objeto mostrar quanto é necessário o método explicado no diálogo, pois Sócrates devido à sua pouca experiência desse método, não pode sustentar a teoria das Formas por verdadeira que seja e por vivo que seja o seu ardor. Quanto à terceira parte, ela nada mais é que um modelo, que nos mostra como é mister exercitar-se por esse método. Tal é a opinião dos que pensam que o fim do diálogo é puramente lógico. Quanto aos que pensam que o fim é, por assim dizer, ontológico, e que o método não está aí apenas para servir às próprias coisas, embora esses dogmas misteriosos sejam colocados somente para a inteligência do método, dizem que nunca Platão estabeleceu teses para conduzir a exposição de um método, mas que serve de tal ou qual, segundo a necessidade do momento".

Essa é a interpretação dos neoplatônicos e, entre eles, Plotino. "É inútil refutar a interpretação dos neoplatônicos, diz Chambry. É ir contra a evidência querer extrair alguma doutrina, que seja, de uma argumentação que colima nesta resultante: quer o Um exista, quer não exista, ele e as outras coisas, relativamente a si mesmas, e umas às outras, são absolutamente tudo, e não são nada; parecem tudo e não o parecem. O "Parmênides" alcança o cepticismo absoluto". Conclui por afirmar, que outra deve ser a interpretação desta obra. "É evidente que Platão tinha outra finalidade. Quis ele rivalizar com os sofistas, e fazer ver quanto a sua virtuosidade ultrapassava a matéria do raciocínio, como mostrou em "Menexeno" superioridade sobre os oradores, e no "Eutidemo" superioridade sobre os erísticos?"

Era uma vaidade de Platão, mas desculpável, prossegue Chambry. Contudo, vê nessa passagem de "Teeteto" a razão fundamental do porque do diálogo platônico: "Um sentimento de respeito me impede de criticar desabridamente Melissos e outros que sustentam que tudo é um e imóvel; mas sinto mais respeito ainda, e apenas, por Parmênides.

Parmênides me parece ser, segundo a expressão de Homero, ao mesmo tempo venerável e temível. Dele me aproximei quando era ainda bem jovem e ele bem velho, e tive a impressão de que tinha uma rara profundidade. Também temi que não compreendêssemos as suas palavras, e que o seu pensamento fosse por nós inatingível. Mas o que mais temi foi a questão, pela qual entramos em discussão; a saber, que a natureza da ciência, nunca fosse estudada em conseqüência das digressões que nos invadiriam, se não as escutássemos. Ademais, o assunto, que ventilamos aqui, é de uma extensão infinita: se o examinarmos apenas por alto, nós o prejudicaremos, e, se o examinarmos, como merece, a sua extensão far-nos-á perder de vista o problema da ciência."

Para Chambry, "Parmênides" é o complemento necessário do "Teeteto".

E prossegue: "Desde o início da obra, Sócrates funda a ciência sobre o conhecimento das formas eternas e imutáveis. Essa teoria apresentava muitas dificuldades que não escaparam nem a Platão nem aos seus contemporâneos. Tais dificuldades é Parmênides que as formula, reconhecendo que, se não se admitir para nenhum dos seres uma forma em si, não se saberá mais para onde volver o pensamento, e suprime-se toda a possibilidade de conhecer e de discutir."

O intuito, portanto, de Platão era combater, não só a doutrina dos efesinos, a tendência à atualização exagerada do múltiplo e do devir, como se vê em Heráclito, como também a atualização desmedida do Um, desde os excessos de Melissos de Samos até à escola eleática, que tinha, em Parmênides, o seu grande mestre e, em Zeno, o seu apologeta e incisivo dialeta, que a discutia com tanta habilidade, sobretudo ao examinar a opinião dos objetores.

Deixando Parmênides falar e expor até às últimas conseqüências a sua doutrina, eram inevitáveis as aporias às quais ela levava, como as aporias insolúveis também levava o mobilismo heracliteano.

Devotava Platão um grande respeito a Parmênides, mas tal não impediu que o usasse para refutar as suas próprias doutrinas, para pôr a nu as inúmeras contradições a que leva o eleatismo, como também o mobilismo do múltiplo de Heráclito. Ambas doutrinas acabam por afirmar a impossibilidade do conhecimento. E é pela doutrina das formas que a solução pode ser encontrada. Ante o oposição entre o Um e o Múltiplo, oposição presente na filosofia grega de então, Platão oferece uma solução.

Essa interpretação do intuito de Platão, ao realizar esse diálogo, Chambry adota a de A. E. Taylor, de Oxford.

No entanto, para David Ross, o intuito do discurso foi defender a posição de Parmênides, cuja tese é de que as coisas não são múltiplas, mas uma indiferenciada unidade, ao estabelecerem-se as conseqüências debaixo de um ponto de vista oposto. Sem dúvida, neste diálogo, o tema das Formas é colocado de maneira a evidenciar a importância que ele tem no pensamento socrático-platônico.

E acompanhando a opinião de Diès, preferimos falar em formas e não em idéias platônicas, apesar das razões de Léon Robin, pois este último termo, dados os conteúdos noemáticos posteriores, cuja contribuição se deve às pesquisas psicológicas, tende naturalmente a confundir-se com representação, o que não se pode evitar. Para que não contribuamos a tornar ainda mais confusa e desfigurada a doutrina platônica das formas, evitamos o termo idéia, sobretudo por ter-se pretendido considerar as eide platônicas como conceitos hipostasiados, com subjetividade, como os interpreta Aristóteles.

No decorrer de nossos trabalhos, temos sempre decididamente nos colocado contra essa interpretação, que é a mais comum. Se as formas platônicas fossem hipóstases, fatalmente o seu pensamento seria arrastado a aporias insolúveis, o que se evidenciaria aos olhos de Platão.

Nos comentários às diversas passagens deste diálogo, temos o máximo cuidado de evitar tais interpretações, a fim de tornar claro o seu pensamento. Se faltaram argumentos sólidos a Sócrates, tal não implica nenhuma deficiência da teoria, mas apenas a deficiência do jovem Sócrates, ante o experimentado e sábio Parmênides. Mas este, como se vê no texto, revela o seu respeito à teoria que fora canhestramente defendida pelo jovem oponente.

Comentando essa passagem, escreve Diès: "É em nome das Formas supra-sensíveis que Sócrates considera banal e totalmente defeituosa a posição do problema filosófico nos argumentos de Zeno. É na coexistência necessária das oposições, no próprio interior das Formas, que Sócrates vê o problema real e verdadeiramente apaixonante. É ao projetar uma clareza impiedosa sobre essas contradições inerentes às Formas, que Parmênides triunfa de Sócrates. Qualquer que seja a gravidade das contradições por ele vigorosamente demonstradas, é a aceitação dessas formas que Parmênides proclama a condição absoluta do pensamento. É para permitir melhor compreensão e melhor defesa dessa realidade indispensável das Formas, que deve servir o exercício dialético, cujo método Parmênides expõe. Sobre toda uma série dessas formas, tomadas como exemplo, Parmênides explica esse método, e o Um, que vai escolher como exemplo privilegiado, é por ele apresentado como uma Forma ante essas Formas. Sobre o Um, cuja realidade é objeto de sua própria "hipótese", Parmênides realiza uma argumentação, cujo motivo condutor é claramente, sob a complexidade amorosamente desenvolvida por um "jogo laborioso", a declaração imediata sobre as Formas: cheia de contradições é a afirmação, cheia de contradições ainda, e ruína absoluta de todo pensamento, até inferior, é a negação. A unidade dinâmica do diálogo é, pois, evidente: tema e personagens vão do múltiplo ao Um, mas esse Um concentra o múltiplo e o resume, sem o suprimir. As extravagâncias dos teósofos do neoplatonismo não devem impedir admirar, com os melhores pensadores de sua escola, com que arte maravilhosa Platão sabe aliar simbolismo e pensamento lógico."

Seguindo nosso método de exposição, preferimos tratar dos temas que são expostos neste diálogo, à proporção que o mesmo se desenvolve, não acompanhando a norma costumeira de anteceder o texto com a explanação. Julgamos que este método é mais consentâneo, e mais eficiente, por permitir a imediata crítica e análise que o leitor pode fazer, o que favorecer-lhe-á, não só a melhor compreensão do texto, como, também, facilitar-lhe-á a sugestão de comentários próprios, que ele poderá construir, sem perder a unidade do diálogo, e o interesse dramático que provoca, o que é muito importante conservar.

SIGNIFICAÇÃO E AUTENTICIDADE DE "PARMÊNIDES"

Por longo tempo tem perdurado, como ainda perdura, a polêmica sobre o valor, o significado e a autenticidade de "Parmênides". Não vamos aqui sintetizar esse longo debate, relatado nos livros que se dedicam à exegese da obra platônica. Apenas alinharemos algumas das principais dificuldades, que têm sido expostas mais constantemente.

O que sempre admirou os leitores desse diálogo, é que Platão tivesse dado oportunidade plena ao objetor de suas idéias para que as refutasse com grande facilidade.

O que não resta dúvida é que ele foi escrito por Platão, embora não todo de uma só vez. Mas é indubitável que esse diálogo é posterior à República, ao Fedro e ao Banquete, onde já havia o esboço da teoria das formas, e anterior ao Timeu, ao Político, ao Sofista.

É verdade que Platão deu toda oportunidade ao seu objetor, mas não se deve esquecer que foi ante um Sócrates jovem, ainda não maduro em suas idéias, ainda titubeante. É por essa razão que alguns consideram que Platão facilitou a objeção à teoria socrática das formas, e não propriamente à sua. A análise do estilo permitiu que outros duvidassem da autenticidade dessa obra, que tantas dificuldades oferecem aos exegetas. Mas tais argumentos não procedem, pois a teoria de Platão é a mesma. Apenas, nesse diálogo, revela-se a fraqueza de Sócrates em defendê-la, o que é justificado em face de sua imaturidade filosófica. É deficiente o advogado; não a teoria.

Como inegavelmente é nesse diálogo que se coloca primeiramente, e de modo nítido, a teoria platônica das formas, escolhemo-lo para iniciar a publicação da obra de Platão, por nós comentada. Não seguimos, na publicação de seus diálogos, o método cronológico, mas o teórico. E como a teoria das formas é a doutrina fundamental do platonismo, e que sem ela não se pode compreender o tema da participação (metexis), nem o da imitação (mímesis), que Platão aproveitou do pitagorismo, é por essa obra que desejamos começar, já que ele, em todo o seu esforço filosófico, procurou resolver a antinomia do Um e do Múltiplo, que o parmenidismo deixou inegavelmente sem solução. É para salientar essa deficiência da doutrina eleática que, a nosso ver, Platão termina por apresentar a concepção do Parmênides como tendente a um cepticismo, não dizemos absoluto como o afirma Chambry, mas relativo, pois segundo o valor aporético, a sua tese é preferível à contrária, pois menores são as aporias que decorrem da aceitação do Um, que da aceitação do múltiplo, e da exclusão daquele.

No decorrer de nossos comentários, salientaremos outros aspectos que nos permitirão aquilatar o valor e o significado deste diálogo.

Cronologicamente, sobre o que não há mais dúvida, é que ele deve ter sido escrito no período que antecede à primeira visita de Platão à Sicília, quando entrou em contato mais direto com os pitagóricos, período que vai de 389 a 388. A data exata é ainda controvertida e, por parte dos maiores exegetas, impossível até de precisar.

Quanto ao valor histórico do encontro entre Sócrates e Parmênides é discutível, e vale apenas do ângulo doutrinário, pois é possível que nunca se tenha dado. Sabemos todos que gostava Platão de dramatizar os seus diálogos nos quais usou os mais diversos gêneros sempre com tanta maestria. O diálogo vale, não por esse aspecto histórico, mas pela significação que aponta, pois além de dar oportunidades a Parmênides para combater a teoria das formas, permite, ademais, que a concepção de Zeno e a do próprio Parmênides sejam colocadas num terreno aporético, de tal espécie, que justifica, afinal, a síntese platônica, que será continuada, depois, por Aristóteles, sobre o Um e o Múltiplo, tema constante nas grandes investigações filosóficas da fase medieval da filosofia do ocidente, até os dias de hoje.

O POEMA DE PARMÊNIDES

Apesar de incompleto o poema de Parmênides, os fragmentos, que dele ainda restam, são suficientes para permitir um exame da sua doutrina. E como é sobre ele que se tem fundado toda a crítica ao eleatismo feita através dos tempos, vamos reproduzir abaixo o frag. 8, que é suficiente para nos orientar na leitura e na análise do presente diálogo:
"*Ele não foi jamais outrora, nem será também pois já é, agora, totalmente integral de uma só vez,*
Um, contínuo. Que nascimento, pois, para ele procurarias tu?
De onde, de que evoluiu? Em absoluto não do não-existente: eu não permitiria que o afirmasses.
Nem sobre ele falar, nem sobre ele pensar. Pois nada posso dizer nem pensar se ele não é. Que necessidade, então, o fez surgir de preferência mais tarde do que mais cedo, vir seu impulso do nada e surgir?
Portanto, só pode ser absolutamente ou absolutamente não ser.

Jamais uma fé vigorosa aceitará que, do que não é, qualquer outra coisa possa nascer; e, também, não nascer.
Nem parecer lhe permitiria a justiça, afrouxando os seus laços.
Ao contrário, ela os mantém. A decisão, vinda de cima, nisto consiste:
Ele é, ou não é. Ora decidiu-se, como se impunha, deixar um dos caminhos impensados, inomeados; pois não é o verdadeiro esse caminho; e conservar o outro como existente e real.
Como na seqüência do tempo, poderia vir a existir o ser? Como, uma vez, ter vindo a ser?
Pois se ele se torna, ele não é, e, menos ainda, se um dia deve vir, onde estará?
Assim se extingue a gênese; assim desaparece a morte.
Não é tampouco divisível, porque é integralmente homogêneo, pois não há, aqui, um mais que rompesse a sua continuidade, nem, ali, um menos: mas tudo é pleno de ser.
Assim, tudo é contínuo; o ser se pressiona ao ser;
(Por mais distantes que estejam as coisas, contempla-as em teu espírito firmemente presentes
Porque não separarás o ser de sua ligação ao ser, quer para dispersá-lo de todas as partes em todos os sentidos, quer para reuni-lo...)
Por outro lado, imóvel nos limites dos grandes laços, ele é sem começo e sem fim, pois gênese e morte foram dispersadas bem longe, repelidas pela verdadeira fé.
Até permanecendo no mesmo, em si mesmo repousa, e, desse modo, imutável, no mesmo lugar permanece; pois a potente necessidade, mantém-se nos laços do limite, que encerra todo o seu contorno.
Também por inacabado, o ser não tem precisão; pois nada lhe falta; porque do contrário tudo faltaria.
O que se pode pensar é também essa graça, na qual ele pensou; pois, sem o ser, no qual se encontra expresso, tu não encontrarás o pensar. Não há nada, e não haverá nada além e mais que o ser, pois o Destino o encadeou numa integridade fechada e imó-

vel. Também não é senão puro nome, tudo o que os mortais instituíram, confiantes que fosse verdade:
nascer e perecer, ser e não-ser, e mudar de lugar e variar de brilho por sua superfície.
Ademais, já que o limite o termina, e o acaba por todas as partes; semelhante à massa de uma esfera bem arredondada:
Do centro, em todos os sentidos, igualmente potente; pois nem maior nem menor poderia ele ser uma ou outra parte.
Nada há que possa detê-lo de reunir-se; nenhuma existência daria uma proporção do ser mais forte aqui e menor ali; pois, por ser integral, não˜tem pólos.
Assim, igual em todas as partes, estende-se indiferenciado até às suas fronteiras.
Aqui suspendo para ti tanto o discurso certo, como o pensamento sobre a verdade.
Iniciarás a aprender as opiniões dos mortais, escutando, em meus versos, a palavra enganosa que elas oferecem..."

PARMÊNIDES

(OU "DAS FORMAS" – GÊNERO LÓGICO)

PARMÊNIDES

(OU "DAS FORMAS" – GÊNERO LÓGICO)

Céfalo, Adimanto, Glauco, Antífon

126A Céfalo — Ao chegar a Atenas, vindos de Clazômene[1], nossa pátria, encontramos, na praça pública, Adimanto e Glauco. Adimanto, segurando-me pela mão, disse-me: Bom dia, Céfalo; se necessitares aqui de alguma coisa que esteja ao nosso alcance, basta apenas dizer.
— Oh! respondi-lhe, é justamente para isso que venho: tenho alguma coisa a vos pedir.
— Basta expor o teu desejo, replicaram.
B Então disse-lhe:
— Qual é o nome de vosso irmão materno? Não me lembro. Eu era apenas uma criança quando vim de Clazômene, aqui, pela primeira vez, há muito tempo. Seu pai chamava-se, creio, Pirilampo.

---

1. Clazômene, cidade da Jônia, no golfo Hermeano (Nota de Chambry).

— Perfeitamente, disse ele; e o seu, Antífon. Mas, realmente, o que queres?

c — Esses senhores, respondi, são meus concidadãos, e grandes admiradores da filosofia. Ouviram dizer que Antífon mantinha relações com um certo Pitódoro, discípulo de Zeno, e que sabe de cor a conversa que mantiveram naquela ocasião Sócrates, Zeno e Parmênides, por ter ouvido Pitódoro narrá-la muitas vezes[2].

— É verdade, disse ele.

— Pois são esses argumentos, respondi, que queremos ouvir.

— Isso não é difícil, retrucou; porque, na sua juventude, ele se aplicou aos exercícios de memória. Agora, é verdade, como seu avô homônimo, ocupa-se sobretudo de equitação. Mas, como desejam vê-lo, vamos até à sua casa. Saiu daqui há pouco para voltar para lá. É perto daqui, em Melita[3].

127A Após estas palavras, pusemo-nos a caminho e encontramos Antífon, na oficina, quando dava um freio a um ferreiro para consertá-lo. Após ter o artesão terminado o seu mister, os irmãos lhe explicaram o fim de nossa visita.

Ele me reconheceu por já me ter visto quando da minha primeira estadia aqui, e me saudou. Pedimos-lhe para repetir a conversa. De início hesitou, pois era, dizia ele, um assunto difícil; afinal, concordou em repeti-la pormenorizadamente.

Pitódoro, Sócrates, Zeno, Parmênides, Aristóteles

B Então Antífon disse que Pitódoro lhe houvera contado que, um dia, Zeno e Parmênides haviam vindo para as grandes

---

2. Que Antífon tenha guardado de cor uma tão longa peça dialética é apenas um alto cometimento no esforço habitual que impunham aos seus discípulos os retores (Fedro, 228) e Aristóteles (Top., 162/3). Que, depois de tanto tempo, afastado totalmente da filosofia, possa ele repetir essa discussão, é uma maravilha, mas quem garante a pureza integralmente franca de sua exposição? A finalidade é tornar verossimilhante a ficção, mas sem que ela deixe de ser sentida e gozada como tal. (Nota de Diès).

3. Melita, demo da tribo Cecrópida. (Nota de Chambry).

Panatenéias⁴. Parmênides era já bastante idoso, cabelos brancos, e de bela e nobre presença; tinha aproximadamente sessenta e cinco anos. Quanto a Zeno, aproximava-se dos quarenta, e era de boa altura e de presença agradável. Dizia-se que havia sido favorito de Parmênides.

D Contaram que havia descido até à residência de Pitódoro, além dos muros, em Cerâmico. Sócrates também viera com um certo número de pessoas para ouvir a obra de Zeno, que, nessa data, era a sua primeira apresentação. Sócrates era então muito jovem. O próprio Zeno fez a leitura, pois Parmênides estava no momento ausente. Quando a leitura estava próxima do fim, segundo diz Pitódoro, ele entrou, e com ele Parmênides e Aristóteles, aquele que se tornou um dos trinta. Eles ouviram muito pouco da obra, mas Pitódoro já a conhecia por lhe ter Zeno lido certa ocasião

Sócrates e Zeno

E Sócrates, depois de ouvir a leitura, pediu que fosse relida a primeira proposição do primeiro argumento. Afinal, replicou:

— Como entendes, tu, isso, Zeno, que se os seres são múltiplos, é preciso que sejam ao mesmo tempo semelhantes e dessemelhantes, o que é certamente impossível, visto que os dessemelhantes não podem ser semelhantes, nem os semelhantes dessemelhantes? Não é isso que tu querias dizer⁵!

— É isso mesmo, respondeu Zeno.

— Ora, se é impossível que os dessemelhantes sejam semelhantes e os semelhantes dessemelhantes, é também impossível que o múltiplo exista, porque, se existisse, não poderia escapar a tais impossibilidades. O fim de teus raciocínios não é precisamente provar, contra a opinião comum,

---

4. As Panatenéias, festas em honra de Atena, celebravam-se no fim de julho, todos os anos, mas de cinco em cinco anos com uma solenidade particular. Eram as grandes Panatenéias. No último dia de festa, havia uma procissão de jovens donzelas, que levavam o véu branco, que tinham tecido para Atena, desde o Cerâmico até a Acrópole. (nota de Chambry)

5. Em que consistia a argumentação de Zeno nenhum comentador nos informa. (Nota de Chambry).

que o múltiplo não existe? Não pensas que cada um dos teus argumentos é uma prova, de modo que, quanto mais argumentos escreves, tanto mais crês teres dado provas da inexistência do múltiplo? Será bem isso o que tu dizes, ou será que eu não te compreendo bem?

128A — Não, disse Zeno: tu, ao contrário, captaste bem a intenção geral do meu livro.

— Compreendo, Parmênides, retrucou Sócrates, que Zeno quer ser inseparável de ti, não somente por todos os laços de amizade, mas ainda por seus escritos;[6] no fundo, diz a mesma coisa que tu; mas, variando a forma, tenta-nos fazer acreditar que diz alguma coisa de diferente.

B Tu, propões em teus poemas, que o Todo é um, e ofereces belas e boas provas; ele, por seu lado, afirma que o múltiplo não existe, e dá, também provas numerosas e fortíssimas. Desse modo, quando dizes que o Todo é Um, e o segundo que o múltiplo não existe, falais ambos de maneira a parecer que nada dizeis de semelhante, embora digais, mais ou menos, as mesmas coisas. O que dizeis parece ir além de nossas cabeças, nós profanos, e parecem discorrer sobre o mesmo discurso.

C — É verdade, Sócrates, replicou Zeno. Entretanto, tu não descobriste o verdadeiro sentido de meu livro. Com o faro dos cães de Lacônia, procuras seguir a pista dos pensamentos. Mas, eis aqui, em primeiro lugar, uma coisa que te escapou; é que o meu livro está longe de ter tão altas pretensões. Não foi composto com a intenção que lhe emprestas, de se apresentar aos olhos dos leitores como se fosse uma obra monumental. O que disseste não é mais do que uma conseqüência acessória; a verdade é que o meu livro tem por finalidade apoiar a tese de Parmênides contra aqueles que ensaiam torná-lo ridículo,

---

6. O eleatismo de Parmênides, monopolizado pela erística de Zeno, eis o bloco que Platão quer dissassociar. Também Sócrates começa por forçar Zeno à impressão que seu papel, no eleatismo, foi totalmente subalterno e, seu livro, uma obra passageira. (Nota de Diès).

porque, se tudo é Um, sua tese acarreta uma série de
consequências ridículas, e se contradiz a si mesma[7].

D Este livro responde àqueles que afirmam o múltiplo, e repele as
suas objeções, até com excesso; ele pretende mostrar que a
hipótese do múltiplo encobre, se se consideram bem as coisas,
consequências mais ridículas ainda que a hipótese do Um. É
nesse espírito de polêmica que, jovem como era, eu o escrevi.
Ele me foi arrebatado, mal acabara de escrevê-lo, de sorte que
nem fui consultado se devia, ou não, dá-lo à publicidade[8].
Erraste, pois, Sócrates, quando julgastes que fora ditado, não
pelo espírito polêmico do jovem, mas pela ambição do homem
maduro. Quanto ao resto, como dizias, tu não caracterizaste mal
a minha obra.

129A — Seja aceito tua explicação, disse Sócrates, e creio que é
como o dizes. Mas eis uma coisa que desejaria saber; não
pensas tu que há uma forma em si da semelhança e uma outra
oposta a essa, a da dessemelhança em si? E que tu e eu, e tudo o
que chamamos de múltiplo, participamos dessas duas formas, e
que as coisas, que participam da semelhança, tornam-se
semelhantes, como aquelas que participam da dessemelhança
tornam-se dessemelhantes, e tanto uma como outra, aquelas que
participam de uma e de outra? Se todas as coisas participam
dessas duas formas contrárias, e são, pelo fato dessa dupla
participação, ao mesmo tempo semelhantes e dessemelhantes a
elas mesmas, que há nisso de admirar? Se se mostrasse a
semelhança em si mesma, tornando-se dessemelhantes, ou as
B dessemelhanças, semelhantes, eis aqui o que me pareceria

---

7. Esses gracejos são dogmáticos: a hipótese do múltiplo é chamada "sua" hipótese. Não se tem o direito de supor, com W. Nestle (Hermes, LVII, 4, 1922, págs. 551-562), que a sátira à qual Platão alude aqui é o Tratado da Natureza de Górgias, pois ele rejeita também expressamente a tese da pluralidade como a da unidade. Platão, que o imita, não podia enganar-se aqui. (Diès).

8. O tema da cópia furtada será frequente nos prefácios dos séculos XVI e XVII. Os graves autores da Arte de Pensar dirão que a impressão de sua obra "foi sobretudo forçada do que voluntária, pois tendo diversas pessoas tirado cópias manuscritas... julgou-se mais acertado dar-lhe publicidade correta e integral, do que permitir que fosse impresso sobre cópias defeituosas". Com temas literários, Platão fazia um drama vivo. (Diès)

prodigioso: mas se se mostra que as coisas, participando de ambas, trazem dos dois caracteres, não há nisso, Zeno, nada que me pareça extraordinário, e, sobretudo, se se mostra que o Todo é *um* pela participação ao Um, e que esse mesmo Todo é múltiplo pela sua participação à multiplicidade. Mas se me demostrassem que aquele que é um, é ao mesmo tempo múltiplo, e que, a seu turno, aquele que é múltiplo é um, então
c me assombraria. E é preciso dizer outro tanto quanto ao resto. Se se demonstrasse que os gêneros e as formas em si recebiam essas afecções contrárias, haveria então do que se admirar. Mas se eu mostro como é um e múltiplo, que há de extraordinário? Pode-se alegar, quando se quer mostrar que eu sou múltiplo, que meu lado direito difere de meu lado esquerdo; minha face, de minhas costas; e igualmente a parte alta e a parte baixa de minha pessoa; porque participo (assim penso) da pluralidade. Querendo, ao contrário, mostrar que sou um, dir-se-á que, dos
D sete homens aqui presentes, eu sou um, portanto participo também do Um. As duas afirmações aparecerão como verdadeiras. Se então se pretende provar que as coisas, tais como as pedras, os pedaços de madeira e outras parecidas são ao mesmo tempo umas e múltiplas, diremos que é evidente que tais coisas são umas e múltiplas, não porém que o Um é múltiplo, e o múltiplo um. E não se disse nada de surpreendente, mas apenas o em que concordamos todos. Mas se se começa por distinguir e pôr à parte as formas em si das coisas, das quais falava há pouco, como, por exemplo, a
E semelhança e a dessemelhança, a pluralidade e a unidade, o repouso e o movimento, e todas as coisas do mesmo gênero, e que se demonstre logo que essas formas podem misturar-se e separar-se, isso, Zeno, é do que ficaria prodigiosamente surpreendido. Tu trataste tudo com um vigor viril; mas, repito-o, ficaria mais satisfeito de ouvir alguém capaz de mostrar as mesmas oposições entrelaçadas de mil maneiras no seio das
130 A próprias formas, e de fazer para os objetos do pensamento o mesmo que fizeste para os objetos visíveis.

[38]

COMENTÁRIOS

Eis aqui exposta, embora em linhas gerais, e sem a necessária força que em outros trabalhos lhe dará Platão, a sua *teoria das formas*.
 Encontramos nos primeiros diálogos, como em *Eutífron* surgirem os termos *idéa* e *eidos* num sentido específico. Tais termos eram já muitos usados pelos pitagóricos, na sua matemática, no sentido de padrão geométrico ou figura, como o salientou Taylor. Contudo, como ainda vemos em *"Pitágoras e o Tema de Número"*, tinham tais conceitos outros conteúdos, genuinamente eidéticos, embora, na linguagem matemática, tivessem aquele já salientado por Taylor.
 Reconhece Ross que... "our ignorance about the history of Pythagoreanism, and about the dating of developments in it, is profound" e realmente o é, apesar de tudo quanto se tem escrito sobre a doutrina pitagórica.
 Nota-se que Aristóteles (*in Meth* 987 b 9-13) afirma que Platão dava às formas (*eide*) a mesma espécie de função que os Pitagóricos emprestavam aos números, tendo ele, no fim de sua vida, identifi-

cado as Formas com os números. Mas é preciso nunca esquecer que número (*arithmós*), para Pitágoras, não era apenas o da matemática comum, abstração da quantidade, como o mostramos em outros trabalhos nossos, como em "*Teoria do Conhecimento*" e em "*Filosofia da Crise*" (respectivamente) e, sobretudo, em "*Pitágoras e o Tema do Número*".

Quando Sócrates. pergunta pelo "que a virtude é", procura o seu *logos*, a sua razão, o seu *eidos*, a sua forma, como o mostramos ao examinar a dialética socrático-platônica em "*Filosofia Concreta*". Sócrates quer a estrutura ontológica do conceito, não as coisas que manifestam dele participar, não quer as coisas virtuosas, mas a virtude, não quer as coisas belas, mas a beleza, como o vemos em *Hípias*. E vemo-lo expor em suas linhas mestras os primórdios de sua teoria das Formas no Alcebíades, em Cármides, em Laques, enfim, em todos os diálogos que precedem a Parmênides mas, em nenhum, essa doutrina é exposta como aqui, só superada nos diálogos posteriores[9].

Mas, em Parmênides, Platão coloca a teoria da participação.

Como salienta Ross, em sua obra citada, o primeiro grupo de Formas, nas quais Sócrates professa uma crença firme, consiste em Formas como a da semelhança, unidade, pluralidade. Um segundo grupo é formado das Formas-valores, como justiça, beleza, bondade, etc.

A Aporia do Número

Sintetizemos a exposição socrática.

Referindo-se a Zeno, mostra que toda a sua atividade, realizada na obra em leitura, não difere essencialmente do pensamento de seu mestre, pois, se este mostra a impossibilidade do Múltiplo, o que é afirmar, afinal, apenas o Um.

---

9. Aos que desejam estudar uma grande contribuição sobre o desenvolvimento da teoria das Formas, aconselhamos a leitura do livro de David Ross "Plato's Theory of Ideas" (Oxford, 1953).

Decorre da afirmação de que os seres são múltiplos, que são eles heterogêneos. Mas como tais, sua dessemelhança não pode ser absoluta, pois, então, teríamos o pluralismo afirmado. Sua dessemelhança é, portanto, relativa, o que implica haver, entre eles, certa semelhança. São, portanto, semelhantes em algo e dessemelhantes em algo. Mas o que os desassemelha não pode ser semelhante. É preciso, pois, que a dessemelhança tenha, em algo, uma irredutibilidade. O mesmo se dará com a semelhança, pois se fosse levada ao absoluto, eles seriam idênticos. Sendo impossível que os dessemelhantes sejam semelhantes e que os semelhantes sejam dessemelhantes, como vimos, o múltiplo, por sua vez, não pode existir, porque não poderia escapar a tais impossibilidades.

Reconhece Zeno que a finalidade de sua obra é mostrar como padecem de aporias insolúveis e ridículas aqueles que defendem o múltiplo, os quais acusavam o eleatismo de aporias ridículas ao defender o Um. Ambas teses se contradizem de certo modo, pois afirmar o múltiplo é afirmar o Um, como afirmar o Um é afirmar o múltiplo. E, como mais adiante veremos, a doutrina eleática enleia-se em suas próprias redes, e não consegue sair das grandes aporias que apresenta, como não saía a posição heracliteana, ao propor o múltiplo.

Antes, porém, de examinar tais pontos, cuja riqueza de pensamento é extraordinária, sintetizemos, da maneira mais clara possível, a solução que propõe Sócrates, que será rebatida, posteriormente, por Parmênides.

Nas passagens que vão de 129 a 130 a, Sócrates expõe a sua teoria das formas. A forma em si é a forma separada das coisas. Assim deve haver uma forma da semelhança e uma forma da dessemelhança. Se há semelhança e dessemelhança, há uma estrutura ontológica, um *logos*, tanto de uma como de outra.

A Semelhança

A semelhança surge de uma relação de equiparação entre termos distintos.

Entre os semelhantes, há algo que os analoga, pois, para que dois termos sejam semelhantes, impõe-se que haja entre eles algo que se equipare. Não interessa por ora saber que é esse algo, mas apenas estabelecer que há uma estrutura ontológica da semelhança, que é relação de equiparação em certo sentido. Quando duas coisas se encontram nessa situação, dizemos que se assemelham, pois algo, nelas, é *similis* (*de simul*) a uma em relação a outra[10].

Assim as coisas que se assemelham, de certo modo repetem essa estrutura ontológica. E como poderia dar-se a semelhança se não fosse ela um possível no ser? Consequentemente, há uma forma de semelhança, um *logos*, que analoga as coisas que se assemelham. O mesmo raciocínio se pode fazer quanto à dessemelhança.

Mas a semelhança, que se dá entre estas e aquelas coisas, não é a semelhança em si. Tais coisas *participam* da forma da semelhança. E esta não pode ser um puro nada, portanto é uma entitas. E como tal, há o ser da semelhança em si, de que participam todas as coisas semelhantes a outras. E o mesmo se pode dizer da dessemelhança.

As coisas, que são múltiplas, em algo se assemelham umas às outras. E se se assemelham em algo, em algo se desassemelham, pois se se dá a relação de equiparação, e entre elas um *similis,* entre elas há, também, uma relação de não equiparação, de dessemelhança. Portanto, os múltiplos participam da forma da semelhança e da forma da dessemelhança. E participam, porque nenhum deles é subjetivamente a semelhança nem a dessemelhança. Mas, neles, há o que os analoga (*de aná e logos*) isto é, um *logos* de que ambos participam em comum e, por participarem dele, são semelhantes por isso.

Como nenhum ser da existência cronotópica (*cronos,* tempo e *topos,* espaço) não é a semelhança em si nem a dessemelhança em si, tais seres apenas participam (*partem capere*), isto é, cada um repete a semelhança e a dessemelhança, não em sua plenitu-

---

10. Simul significa ao mesmo tempo; e similis, semelhante. Suas origens etimológicas são possivelmente as mesmas, e há analogia entre os dois conceitos.

de, pois, se tal se desse, seriam a semelhança ou a dessemelhança em ato; seriam subjetivamente uma ou outra. Mas a estrutura ontológica da semelhança é anterior às coisas semelhantes, é um *logos* que, ontologicamente, antecede às coisas, o qual está na ordem do ser. As coisas semelhantes são, portanto, posteriores à semelhança. Como nenhuma das coisas tem em plenitude a perfeição da semelhança, e elas apenas tem parte, pela relação de equiparação, por isso participam. A participação é, portanto, a posse de uma perfeição em grau menor, que outro ser tem-na em grau máximo. A semelhança, ontologicamente considerada, é a perfeição da semelhança.

Como ela não se dá subjetivamente nos seres, essa forma tem um ser em si; é a semelhança em si. É o que Pitágoras chamava de *arithmós ontologikós ou eidétikós*. A relação de equiparação pode ser traduzida numa fórmula matemática, e o seu *eidos* é um perfeito *arithmós*. Essa a razão pela qual, posteriormente, Aristóteles vai considerar, na Metafísica, os *eide* platônicos como *arithmoi* (números) à semelhança de Pitágoras.

O Logos

O que pareceria prodigioso para Sócrates, como ele o diz mais adiante, é que a semelhança em si se tornasse a dessemelhança em si. Ora, tendo a semelhança em si uma estrutura ontológica, e a dessemelhança outra estrutura, o *logos* de uma é outro que *logos* da outra. Se uma se tornasse a outra, teríamos, então, a relação de equiparação tornando-se a relação de não-equiparação, o que seria prodigioso, e, na verdade, absurdo. Não há, porém, nada de extraordinário que duas coisas participem do *logos* da semelhança (no que são semelhantes) e do *logos* da dessemelhança (no que são dessemelhantes). Assim o Todo (que inclui todas as coisas) é Um, por participar do Um, e, múltiplo, por participar do múltiplo.

O Um é o que é tomado como uma singularidade sem partes, pois o Um é tudo quanto pode ser considerado assim. Portanto, todas as coisas, que sob certo aspecto são umas, participam do

Um, isto é, tem a perfeição do um, não na plenitude que o Um tem como forma em si. Assim uma coisa pode ser uma sob um aspecto e múltipla sobre outro. Tal fato não assombra a Sócrates, mas sim, o assombraria, que o Um fosse, sob o mesmo aspecto, múltiplo, ou vice-versa, isto é, se o *logos* do Um fosse, no mesmo instante e sob o mesmo aspecto, o logos do múltiplo. Mas não há nada de extraordinário em um entre ser um sob um aspecto e, sob outro, múltiplo, como um batalhão que é um, sob um aspecto, e múltiplo nas partes que o compõem, mas sempre sob aspectos diferentes.

As coisas podem ser umas e múltiplas, não, porém, que o Um seja o múltiplo.

As formas separadas, em si, não se misturam, e se tal se desse Sócrates se assombraria. E não se misturam, porque o *logos* da multiplicidade, da semelhança, do repouso, do movimento etc. são unidades em si, ontológicas sem dúvida, e que não podem modificar-se nem misturar-se. Assim a triangularidade é triangularidade apenas. E se de um determinado triângulo, feito de madeira, acrescento outro lado, e o modifico, transformando-o num quadrado, a triangularidade não se transformou em quadrado. A triangularidade continua sendo tal o que é, mas apenas esta coisa perdeu a forma de triangularidade, isto é, dela não participa mais, para participar, agora, da do quadrado.

É esse, em suma, o pensamento socrático, exposto até aqui. Em sua próxima discussão com Parmênides, a teoria das formas apresentará outros aspectos, que a tornarão mais complexa, como também mais surpreendente.

PARMÊNIDES E SÓCRATES

Assim falou Sócrates, segundo relatou Pitódoro, que esperava ver Parmênides e Zeno se aborrecerem a cada frase; mas, na verdade, eles escutavam com a maior atenção, entreolhavam-se frequentemente, e sorriam, testemunhando entusiasmo ao ouvir Sócrates. Foi o que exprimiu Parmênides, quando Sócrates terminou:

— Como mereces ser admirado, Sócrates, pelo teu ardor na discussão! Mas, dize-me, é de ti mesmo esta distinção que fazes, quando colocas à parte certas formas que não são mais que formas, e à parte também as coisas que delas participam? E acreditas tu que existe uma semelhança em si, distinta da semelhança, que é a nossa, e que é o mesmo para o Um, para o múltiplo e para todas as determinações que acabas de ouvir Zeno nomear?

— Certamente, disse Sócrates.

— E também perguntou Parmênides, para outras coisas?

Crês tu que é também assim, por exemplo, alguma forma em si e por si do justo, do belo, do bom e de todas as coisas como tais[11]?

— Sim, disse ele.

c —E também uma forma de homem, distinta de nós e de todos os homens, como nós, uma forma em si de homem, uma forma do fogo e da água?

— Realmente, Parmênides, respondeu Sócrates, muitas vezes sinto-me perplexo ante tais assuntos, não sabendo se deveria julgar como os precedentes ou diferentemente.

— E assim também, Sócrates, quanto às coisas que poderiam parecer ridículas, como o cabelo, o barro, a imundície ou qualquer coisa insignificante e sem valor? Pergunta a ti mesmo se é preciso admitir que há também, para cada uma delas, uma forma à parte, distinta de cada coisa que tocamos com as nossas mãos?

d —Não preciso fazer tal pergunta, respondeu Sócrates. Para as coisas que vemos, não duvido de sua existência; mas pensar que existe delas uma forma, tenho receio que tal pareça muito estranho. Entretanto, muitas vezes chego a me sentir perturbado, e a perguntar se todas as coisas não tem igualmente uma forma. Mas quando chego a esse pensamento, detenho-me rapidamente, com receio de cair num abismo de coisas sem importância. Retornando às coisas, das quais dissemos que existiam as formas, consagro-lhes meu tempo, e faço o meu estudo.

e — É que és ainda jovem. Sócrates, replicou Parmênides, e a filosofia não se assenhoreou ainda de ti, como ela ainda o fará, tenho certeza, e então tu não desprezarás mais nenhuma dessas coisas. No presente, olhas ainda a opinião dos homens, devido à tua idade[12.]

---

11. O platonismo, que expõe e critica Aristóteles (Met. 990 a 384-991 a 8 e 1078 b 32-1079 b 10) exclui, do mundo das Formas, as Negações, as Privações, as Relações, as coisas artificiais e as que há o anterior e o posterior (cf. Robin La Théorie Platonicienne des Idées e des Nombres d'après Aristote, págs. 121-198). O médio Platonismo e o Neoplatonismo excluirão, ademais, as coisas vis ou contrárias à natureza (cabelo, lama, etc.) (Diès).

12. Esta declaração é contrária a toda limitação do mundo das Formas, e Proclo (Cousin, 834/7) tenta em vão falsear o sentido. (Diès)

131 A Proponho-te uma nova pergunta. Crês, como dizes, que há certas formas das quais os objetos que delas participem tirem a sua denominação, que, por exemplo, aqueles que participam da semelhança tornam-se semelhantes; os que participam da grandeza, grandes; da beleza e da justiça, justos e belos?

— Certamente, respondeu Sócrates.

COMENTÁRIOS

Se foi fácil para Sócrates a polêmica com Zeno, já não será o mesmo com Parmênides. Sócrates é jovem, e suas idéias ainda não amadureceram. Parmênides, já no ocaso da vida, está ainda no esplendor da sua inteligência. Ele é "como o herói de Homero, venerável e, contudo, temível", como Platão o dirá em *Teeteto*, 183.

Os primeiros ensaios de Sócrates, ao expor a sua teoria das formas, revelam imprecisão e até certo temor nas afirmações. Parmênides anima-o, fazendo-lhe ver que, ao atingir a maturidade do pensamento, não terá ele mais receio de fazer afirmativas, e os temores da juventude se dissiparão.

Aquela filosofia, que ele expõe, tomará posse um dia de todo o seu ser; e o seu pensamento obterá uma exposição clara, vigorosa.

Ante os comentários anteriores, pode parecer, à primeira vista, que atribuímos a Sócrates e aos platônicos a aceitação de uma forma de relação, pois afirmamos que a semelhança é uma relação. Mas dissemos naquela passagem, em que comentamos pela primeira vez o texto platônico, que *semelhança* era uma relação de equiparação. Ora, não admitindo os platônicos uma forma em si da relação, *ipso facto* estaria rejeitada uma forma em si da semelhança. Na verdade, a semelhança *não é apenas uma relação*. Nele há uma concordância da qualidade (parcial portanto), porque um ser, que a outro se assemelha, não é apenas qualidade, pois esta é um acidente de alguma coisa, que é substância. A igualdade é uma concordância na quantidade. Na identidade, há igualdade e mesmidade completa, quantitativa e qualitativa, que pode ser real, quando há coincidência de vários conteúdos do pensamento, ou real-formal, real-ontológica, que é a da substância perdurante. Ora, há relação quando há o *pros ti* dos gregos, o *ad* dos latinos, um *ad áliquid*. Duns Scot dizia que o ser essencial do relativo é o *ad aliud se habere*, é *habitudo ad aliud*, dá-se na referência, no haver-se de uma coisa a outra coisa, que é a definição de Tomás de Aquino.

Mas a semelhança não se reduz a um mero *ad áliquid*, a um referir-se a outro, mas a uma analogia, na presença de um *logos analogante* de que participam duas coisas referidas uma à outra. A concordância na qualidade, nos aspectos qualitativos, revela que as coisas relacionadas são participantes de um *logos analogante*, que as analoga. Em suma, a semelhança, para Sócrates, é a referência entre dois entes que participam, concordantemente, de um *logos analogante* qualitativo. A semelhança é, portanto sempre parcial.

As relações, para as quais não admitiam os platônicos uma forma em si, são as da mera referência, do mero *prós ti*, do *ad áliquid*. O *pros ti* não é a essência total da semelhança. O que é fundamental, nela, é a concordância de um *logos*, de que ambas coisas relacionadas participam. É aqui que está a forma, a estrutura ontológica da semelhança.

Com essa explicação, repelimos a acusação de incoerência no que afirmamos acima, bem como evitamos um desvirtuamento do pensamento platônic o.

A Exegese Platônica

Na nota nº 9, em rodapé, da autoria de Diès, fundado nas opiniões opostas por Robin, no livro citado, dá lugar a alguns comentários, que muito contribuirão ao esclarecimento de tal tema. É preciso considerar-se o pensamento platônico sob dois aspectos, já que queremos fundar-nos nas opiniões e na análise que desse pensamento apresentou Aristóteles.

Entre as diversas interpretações, que se processam sobre Platão, fundadas nas opiniões exotéricas, ressalta, inegavelmente, a aristotélica, predominante no pensamento filosófico. Há outras diversas tentativas de exegese, que se afastam em grande parte do pensamento aristotélico. Entre essas últimas inclui-se a obra dos platônicos, que acusam Aristóteles de haver desfigurado o pensamento do seu mestre, mais levado por um impulso de oposição aos discípulos daquele.

No ardor do embate, Aristóteles desviou-se do genuíno pensamento de Platão, atribuindo-lhe tomadas de posição discutíveis, alcançando afirmativas evidentemente incorretas. Se observarmos duas passagens da *Metafísica* de Aristóteles, — 990 b 20 e 1.088 a 23, b. 3 — repontam-nos diversas sugestões dignas de comentários. Senão vejamos: "Em geral, a demonstração dialética da existência das formas arruina os princípios da existência, a própria existência das formas". [Esses princípios são o Um e a Díada indeterminada, sobre os quais tecemos diversos comentários em nossa obra sobre a *Metafísica* de Aristóteles. Mas o que nos interessa agora é o que prossegue ele dizendo]: "Daí resulta, com efeito, que não é a Díada indeterminada que será a primeira, mas o número; que o relativo será anterior ao que é por si; e todas as outras contradições com seus próprios princípios, em que alguns sucumbiram ao acompanhar a doutrina das Formas".

E na segunda passagem diz ele: "acrescentais a esse erro que o Grande e o Pequeno, assim como as determinações análogas, são necessariamente relativas. Ora, a relação é, de todas as categorias, a que tem menos realidade determinada ou substância; ela é até posterior à qualidade e à quantidade; a relação é, como dissemos, um modo de quantidade, e não pode ser ela matéria das substâncias, se é verdade que, quer considerada em geral, quer visualizada em suas partes e espécies, não pode a relação ser concebida sem qualquer outra coisa que lhe sirva de sujeito[13]".

Vimos que a semelhança classifica-se logicamente como relação, mas o que a caracteriza é a concordância na qualidade. Para que duas qualidades concordem, é necessário que elas sejam da mesma espécie, ou afins a uma espécie comum, ou melhor, análogas. Portanto, não há contradição no pensamento platônico, pois não se refere propriamente a uma relação em sentido lógico, mas apenas em sentido ontológico, pois o que analoga o semelhante é um *similis*, ou melhor *simul*.

A Similitude

Cumpre-nos agora averiguar o que se entende por *similis* e *similitudo*, ou seja a semelhança. É tema de grande importância no pensamento socrático-platônico, pois a constante procura dos *logoi* só pode partir das semelhanças entre os termos análogos. Toda a dialética socrático-platônica segue essa via, o que não foi bem compreendido pelos exegetas.

A relação não tem uma realidade objetiva em si, ela apenas representa o *para-alguma-coisa (ad áliquid)*; a relação é secundária. Na *similitude* (semelhança), não é a relação entre os objetos semelhantes que é fundamental daquela, mas a forma absoluta em virtude da qual há a *similitude*.

É o que expressa Tomás de Aquino ao estudar a similitude no *De Potentia*; "Nec similitudo proprie secundum relatione attenditur, sed secundum formam". Propriamente, a similitude não se fundamenta apenas na relação, mas na forma. Krempel, comentando esta passagem de S. Tomás, diz: " O importante para

---
[13]. No Organon, no Das Categorias, Aristóteles trata da relação antes da qualidade, mas na Metafísica, procede diferentemente.

mim não é ser mais forte ou menos forte do que outro, mas o grau concreto absoluto que eu disponha. A relação, em sentido abstrato, é um *pros ti*, mas é preciso que não se esqueça o fundamento concreto da relação, que é o que se dá na semelhança". Este fundamento concreto é o anterior e o que dá fundamento à relação. Tomar a relação em sentido absoluto, como se observa em muitos filósofos modernos, é um erro crasso, do qual fazemos questão de eximir a Sócrates e Platão. Quando Aristóteles afirma, na primeira passagem que citamos, que o relativo é anterior no pensamento platônico, esqueceu que o fundamento da relação é algo concreto, e jamais Platão diria outra coisa. As relações, que não tem esse fundamento concreto, um *logos analogante*, são precisamente aquelas a quem eles negaram uma forma. O *logos* analogante é próximo, porque remotamente todos os seres em algo se analogam, o que é uma lei fundamental que demonstramos apoditicamente em *"Filosofia Concreta"*. Em nossos comentários à *Metafísica* de Aristóteles, referentes àquelas passagens, temos oportunidade de mostrar a improcedência em grande parte das suas afirmativas. A primazia da substância, que é fundamental no pensamento aristotélico, a qual ultrapassa os acidentes e as relações acidentais, não é uma oposição total ao pensamento platônico, como aliás compreendeu Tomás de Aquino. Que a semelhança seja a diferença entre coisas da mesma qualidade, é uma definição de Boécio, fundamentada em Porfírio. Duas coisas da mesma qualidade (*ad qualitas*) se diferenciam por outros aspectos. O que é importante na similitude, como já o demonstrava Boécio, e também em toda outra relação, não é propriamente a relação, mas o seu fundamento absoluto.

Fundamento da Relação

O que caracteriza a relação é o grau de realidade dos termos relacionados. Duas coisas semelhantes são semelhantes em algo; é esse *em algo* que dá positividade concreta à relação. Ora, o que se baseia no fundamento é ontologicamente posterior ao fundamento, ou seja o fundamento é ontologicamente posterior ao fundamentante.

A relação é um *ens minimum*, e o que lhe dá consistência é o fundamentante, que são os termos, cujo grau de realidade empresta um grau de realidade à relação. Tomar esse ens *minimum* abstratamente, como se observa em filósofos modernos, é, como dissemos, o que gera tantos erros atuais.

Não esqueçamos que a palavra *relatio*, de onde vem relação, tem a sua raiz no verbo *refero*, cujo particípio passado é *relatum*, o qual nos aponta a referência. Desse modo, o grau de ser da relação é dado pelo referido. A semelhança, como relação (classificação lógica), tem a sua realidade no *relatum*, isto é, no que é referido por ela.

A similitude é análoga à *proportio*. Quando, na dialética platônica, busca-se a analogia de proporção entre os termos particulares para alcançar-se o *logos*, evidencia-se, de antemão, que seria impossível realizar a proporção sem a presença de uma similitude. Na Lógica Formal aristotélica, de duas premissas particulares nada se conclui, enquanto na dialética socrático-platônica, se entre essas duas premissas se pode estabelecer uma analogia de proporção, delas se pode captar um *logos analogante*, que é uma conclusão dialética. Assim, no exemplo: "o leão reina no deserto" e "D. João reina em Portugal", pela lógica aristotélica nada se conclui, enquanto que, pela dialética socrático-platônica, pode estabelecer-se esta analogia de proporção: o leão está para o deserto, assim como D. João está para Portugal. O reinar de D. João e o reinar do leão, embora diferentes, são, sob certo aspecto, semelhantes, pois o leão, como agente, atua, no deserto, proporcionadamente à sua natureza de leão, e D. João atua, em Portugal, proporcionadamente à sua natureza de rei. Este exemplo vem demonstrar a validez da definição de Boécio, o qual afirma que, na similitude, há os diferentes, mas que há também uma mesma qualidade (*eadem qualitas*). O atuar do agente é sempre proporcionado ao campo de sua atividade. Eis o *logos* que analoga as duas premissas. A semelhança entre ambos está aí. E é essa semelhança que é o fundamento da simbólica, quando tomada sob suas justas bases. O que dá conteúdo real à relação, que podemos estabelecer entre o leão e D. João, é o *logos analogante*, a concordância de ambos a um mesmo *logos*, do qual ambos participam. A similitude surge da unidade da qualidade, enquanto a unidade da quantidade é a igualdade. A similitude evidencia-se não em uma relação dinâmica, mas em uma relação estática. Esta é inerente à substância, enquanto as dinâmicas surgem das mutações diversas, o que já foi examinado em *Aristóteles e as Mutações*. Esta distinção já é importante para o esclarecimento e boa compreensão do pensamento platônico.

Ademais, Platão não consideraria a similitude como uma simples relação, pois o conceito que tinha desta é o do *pros ti, o adaliquid*. É verdade que essa definição, que ele daria, não se encontra em sua obra, mas, pelas referências que faz em outras passagens, o relativo era o que era referido a alguma coisa.

Os Relativos

Em *Categorias* c. 7, Aristóteles oferece duas definições do relativo. A primeira é a seguinte: chama-se relativo o que em si mesmo se diz de uma outra coisa (*héteron*), ou se diz referir-se de alguma outra maneira a outra coisa; assim o maior se diz em si mesmo de uma outra coisa, pois se diz maior que alguma coisa, da mesma maneira: o duplo... um estado, uma disposição, a percepção, a ciência, a posição, ... Se, pois, esta definição dos relativos fosse adequada, seria dificílimo, até impossível, demonstrar que qualquer substância não seja chamada de relativa. Se ao contrário, a essa primeira definição, inadequada, se substitui por essa segunda: é relativo aquilo cujo ser se refere a outra coisa, talvez saiamos do embaraço. Sem dúvida, a primeira definição abrange todos os relativos ; mas referir-se a outra coisa, quanto ao seu ser, não significa senão: ser em si ou relativo".

As palavras de Aristóteles são realmente obscuras, mas permitem, como permitiram, que surgisse, na filosofia medieval, as grandes especulações sobre o *relativum secundum dici* e o *relativum secundum esse*, distinção que, para muitos, é arbitrária, mas que, na verdade, oferece lugar, não só a grandes especulações, como também a um certo esclarecimento, que é benéfico para a filosofia. Costuma-se atribuir a Aristóteles o conteúdo concreto dado ao *prós ti*, ao *relativum*, enquanto que, a Platão, atribui-se um sentido meramente abstrato. Propriamente, o *relativum in dicendo* (relativo em palavra) é o relativo lógico, relação lógica, e o relativo *in essendo* (relativo do ser), é o relativo real, a relação real.

Não há dúvida que essa explicação não é aceita por todos, mas o que predomina é que um relativo de mera razão é um relativo *secundum dici*, enquanto o outro seria real. Se Platão considerava a relação apenas como *prós ti* (um *relativum in dicendo*), naturalmente a similitude não era uma relação. Desta forma, não havia contradição no pensamento platônico, como alguns pretendem afirmar. Na relação entre contrários relativos, como pai e filho, senhor e escravo, a existência de um exige a existência do outro. Eles têm um fundamento essencial, e sua relação é *secundum esse*; em outras palavras: o relativo *secundum dici* é acidental, enquanto o *secundum esse* é essencial, ou melhor, o primeiro refere-se a algo acidentalmente, e o segundo essencialmente. Na semelhança, na similitude, há um referir-se essencialmente, porque dois seres são semelhantes *em algo real*, de que ambos participam.

A palavra *semelhança*, na linguagem moderna, não tem mais o rigor da empregada na filosofia clássica, nem tampouco a palavra *igual*, pois falam-se de cores iguais, de pessoas igualmente rápidas, o que é uma confusão de termos.

Tomás de Aquino dizia que quando dois soldados testemunham uma coragem semelhante, o termo semelhante revela uma *similitudo imperfecta*, em oposição à *similitudo perfecta*, que seria a concordância de duas qualidades. Nós vimos que o termo semelhante refere-se a uma relação estática.

É verdade que se tem empregado o termo semelhança para designar uma relação dinâmica, como a semelhança que existe entre causa e causado (efeito).

PARMÊNIDES

(Continuação)

— Será de toda a forma ou de uma parte dela que cada participante participa? Ou, então, há uma outra maneira de participar fora dessas?

— Como outra poderia ser possível? Perguntou Sócrates.

— Parece-te então que a forma esteja integralmente em cada um dos objetos múltiplos, permanecendo uma, ou qual é o teu pensamento?

— O que é que a impede, Parmênides, de permanecer uma? Perguntou Sócrates

B — Neste caso, permanece sendo uma e idêntica, e estaria ao mesmo tempo integralmente nas várias coisas separadas, e por sua vez estaria ela separada de si mesma[14]?

— Não tanto, replicou Sócrates, pois poderia ser como o dia que, um e idêntico, está ao mesmo tempo em muitos lugares,

---

14. Mesmo raciocínio e mesma fórmula em Aristóteles (Met. 1039 a 33-b 2). Se o gênero animal é um e idêntico na espécie homem e na espécie cavalo, "como o Um poderia ser Um em seres separados, e o que impediria que esse Animal fosse, ele também, separado de si mesmo?" (Diès).

sem estar por isso separado de si mesmo. É assim que cada forma pode estar ao mesmo tempo em todas as suas participações, sem cessar de ser uma e idêntica[15].

— Eis aí, Sócrates, replicou Parmênides, uma interessante maneira de fazer que a mesma coisa esteja presente em muitos lugares ao mesmo tempo: seria como se tendo estendido um véu sobre várias pessoas, dissesses "que sendo único, ele está integralmente estendido sobre muitas". Não acreditas que é mais ou menos o que tu dizes?

c — Talvez, concedeu Sócrates.

— Neste caso, o pano estaria integralmente sobre uma, tal parte sobre outra?

— Uma parte.

— Desta maneira, Sócrates, replicou Parmênides, as próprias formas são divisíveis, e os objetos que delas participam apenas de uma parte, cada um deles não tem mais em si a forma integral, mas uma parte somente.

— Parece que é assim.

— Então, Sócrates, consentirias em dizer que a unidade da forma, que é uma, é realmente divisível, e ainda permaneceria uma?

— De forma alguma, respondeu Sócrates.

d — Considera com efeito, replicou Parmênides: se divides a grandeza em si, cada uma das coisas múltiplas são grandes, por uma parte de grandeza menor do que a própria grandeza, e tal não te pareceria absurdo?

— Totalmente absurdo, respondeu.

— Supões ainda que um objeto recebeu apenas uma parcela de igualdade: poderia ele, por essa parcela menor que a igualdade em si, ser igual a ela no que quer que seja?

— É impossível.

e — Mas suponhamos que um de nós tenha uma parte do pequeno. O pequeno em si será maior do que aquela parte, pois ela não é mais do que uma parte dele. E ao contrário, aquele do

---

15. Não se sabe onde Proclo obteve o que nos conta (Cousin 862, 27; trad. Chaignet, II.5), mas afirma nitidamente que esse exemplo "do dia um e idêntico" estava já nos Argumentos de Zeno (Diès).

qual se adicionaria a parte seria, consequentemente, menor e não maior do que antes da adição.

— Eis, disse Sócrates, o que seria irrealizável.

— De que maneira queres, então, Sócrates, replicou Parmênides, que as coisas participem das formas, se elas não podem participar nem de suas partes, nem de sua totalidade?

— Por Zeus, replicou Sócrates, na verdade é uma coisa que não me parece fácil de determinar[16]

---

16. Segundo Aristóteles (Met. 987b 13) tanto Platão como os Pitagóricos "renunciaram procurar em que consistia essa participação (metexis) ou essa imitação" (mimesis). (Esta nota é tanto de Diès como de Chambry). Tomás de Aquino , comentando essa passagem de Aristóteles em seus famosos comentários, mostra a improcedência da afirmativa aristotélica quanto a Platão, pois este esboçou, nitidamente, a doutrina da participação, que o aquinatense tão bem aproveitou para a realização de sua extraordinária obra. Por nossa parte, queremos afirmar, ademais, que a doutrina da participação estava implícita e era explicitável, desde que se examine com o máximo de cuidado o pensamento genuinamente pitagórico, como o fazemos em Pitágoras e o Tema do Número, que pertence ao conjunto das nossas obras. Ali mostramos, de modo claro, como a participação havia sido entendida e expressada, embora indiretamente, no pensamento do grande filósofo de Samos.

COMENTÁRIOS

Uma das providências mais importantes do sistema socrático-platônico é, sem dúvida, a solução da oposição entre o Um e o múltiplo. Ou reduz-se o múltiplo ao Um, como se vê no eleatismo (parmenídico), ou, então, é reduzido o múltiplo a alguns elementos simples. O que, no entanto, sempre se pretendeu realizar na filosofia, foi a redução do múltiplo ao Um, da variedade à simplicidade, da heterogeneidade à homogeneidade, por uma natural exigência da razão, função homogeneadora e sintetizadora por excelência, como o mostramos em *Filosofia e Cosmovisão*. Tais tentativas, porém, detêm-se ante outras aporias insolúveis.

Ao desejar fugir de uma aporia, a solução desta prepara quase sempre o caminho para encontrar outras e numerosas, e quando o espírito humano aquieta-se neste ou naquele filósofo, que julgou encontrar o ponto definitivo de seu sistema, eis que se alçam novas dificuldades, novos obstáculos a superar, novas aporias a desafiar a inteligência, e a provocar muitas vezes retornos a velhos pontos de partida, à semelhança do castigo de Sisifo, que muito bem simboliza o esforço humano na procura da verdade através dos caminhos das filosofia. Observamos, no processo histórico da filosofia, velhas doutrinas surgirem em novos avatares, exigentes de novas pesquisas e com a promessa de novas possibilidades.

A solução socrática das formas separadas que notamos nitidamente neste diálogo e nos trechos platônicos, que vamos examinar e analisar, não surge apenas de um desejo de solucionar a oposição do um e do múltiplo, mas, sobretudo, por compreender que o fluxo do *fieri*, do vir-a-ser, do devir das coisas, exigia uma verdade estável, um *logos* imutável, como também o compreendeu Heráclito, o que tem sido virtualizado quase sempre, com grave prejuízo para a melhor compreensão do pensamento do efesino.

Salienta Tomás de Aquino em *De Substantias Separatas* (cap. 1), que a alma humana, por ter um intelecto, está em condições de conhecer a verdade. E quando a inteligência conhece a verdade, apreende um objeto que se encontra à parte do mundo das naturezas sensíveis. Foi também o que levou Platão a admitir a existência de realidades, separadas das coisas sensíveis.

A luta contra o cepticismo e contra os filósofos levou o pensamento socrático-platônico a procurar a solução das aporias, o que o colocou no problema da *participação* (*metexis*). Esta gira, nesse pensamento, em torno da realidade das formas, que é inegavelmente o ponto central do sistema, mas que só pode ser compreendida na proporção em que seja esclarecido o tema da participação. Algumas passagens de Tomás de Aquino muito nos auxiliarão compreender o pensamento platônico, e por isso precisamos reproduzi-las para comentá-las depois. Foi também o que levou Platão a admitir a existência de realidades, separadas das coisas sensíveis.

A Dupla Abstração

"No conhecimento da verdade, nossa inteligência usa de uma dupla abstração. Pela primeira vez, ela capta os números, as grandezas, as figuras matemáticas, sem pensar na matéria sensível. Quando pensamos no número dois ou no número três, na linha ou na superfície, no triângulo ou no quadrado, nada encontramos em nossa apreensão que se refira ao quente ou ao frio, ou a qualquer outra qualidade que possa ser percebida pelos sentidos.

A segunda abstração serve à nossa inteligência, quando ela conhece um termo universal, sem ser representado qualquer termo particular, quando, por exemplo, pensamos em *homem*, sem pensar em Sócrates ou em Platão, ou não importa em que outro indivíduo. Poder-se-ia mostrar a mesma coisa através de outros exemplos.

Platão admite, pois, dois gêneros de realidades separadas da matéria: as realidades matemáticas e os universais, que ele chamou espécies ou formas. Entre ambas havia, contudo, a diferença seguinte: nas realidades matemáticas pode-se captar diversas linhas iguais, por exemplo, ou dois triângulos equilaterais e iguais, o que é impossível absolutamente para as espécies. O homem, considerado como um universal, segundo a espécie, é necessariamente único. Também admitia que as realidades matemáticas eram intermediárias entre as espécies ou formas e as realidades sensíveis. Elas assemelham-se às realidades sensíveis, no estarem contidos diversos indivíduos sob uma mesma espécie. Elas assemelham-se, por outro lado, às espécies, no serem elas separadas da matéria sensível" (*De Subst. sep. cap. 1*).

Em *Teoria do Conhecimento*, ao estudarmos o pensamento platônico, escrevemos:
"A forma (*eidos*, no plural *eide*, e também *idéa*), para Platão, não é o *arithmós* pitagórico no mundo cronotópico, no mundo da aparência, mundo do fenômeno, mundo do complexo tempo-espacial. Nem o era tampouco para Pitágoras.

Os *arithmoi arkhai*, conhecidos apenas pelos iniciados na fase de *teleiotes*, (isto é, daqueles que já conhecem as finalidades transcendentais), são *essências inteligíveis*.

A dialética (*dialektikê méth'odos*) nos conduz às formas, através das abstrações das espécies e dos gêneros. Mas o que delas temos são esquemas abstratos, portanto. Mas essas *idéai* são ainda produções da *doxa*, da aparência, da opinião. São esquemas que nós construímos da grande realidade das formas, pois as coisas do mundo da *génesis*, mundo das aparências sensíveis, são mutáveis, cambiantes, como vira Heráclito.

As coisas copiam os *arithmoi arkhai* e as formas, os *eide*, mas não são as formas, porque a (*eidola*-formazinha) da maçã, aquele *arithmós*, que permite que esse punhado de matéria seja uma maçã, não está nesta, que apenas a copia.

Se fosse material, como ter ubiqüidade, e estar nesta e naquela maçã?

E se é um puro nada, como é inteligível, nesta e naquela, o que me permite chamá-las de *maçãs*?

A Mímesis

Tenho uma caixa com um punhado de dez esferas de cores diferentes. Com elas posso formar um número imenso de combinações. Mas todas às vezes que formo a combinação das cores *verde-azul-encarnado*, repito essa combinação, esse *arithmós*. E se reunir três esferas das mesmas cores, mas outras, repetirei a mesma combinação.

Esses números (*arithmoi*) não são mero nada. São *possíveis* que se atualizam existencialmente, cada vez que as coisas repetem a sua forma.

Pois bem, este exemplo grosseiro permite-nos compreender as formas platônicas. Elas são únicas e sempre as mesmas, mas as coisas as copiam, as multiplicam, por imitação, por *mímesis*.

Mas esses *possíveis* o são apenas para nós, para o plano cronotópico, pois são a verdadeira realidade, como a forma do triângulo é a verdadeira realidade dos triângulos, pois este, ou aquele, que por acaso eu traço, serão passageiros, transeuntes, nunca, porém, a forma do triângulo (triangularidade) imperecível, eterna, perfeita, que estes aqui, *hic et nunc*, apenas copiam, sem nunca alcançar a sua perfeição.

Os *eide* são ontologicamente *extra-mentis*. São realidades independentes de nossa mente, de nossas idéias no sentido psicológico; são *ousíai kôristai*. São subsistentes num modo de ser que não é cronotópico, pois se estivessem submetidas ao complexo tempo-espacial seriam destrutíveis. Tem um modo de ser essencial e, por serem eternas, ultrapassam a todo modo de ser da temporalidade, que apenas tem um laço de participação com aqueles *eide* (*metéxis*)...

São as formas que sustentam e dão subsistência às coisas (*parousia*), pois elas dão unidade às aparências; *arithmoi*, que dão coerência aos entes cronotópicos; são, por isso, superiores, são *paradeigmata* (paradigmas).

Se são elas subsistentes de per si, ou no Ser Supremo, ou se, por sua vez, são da essência do ser, são temas dos quais não podemos tratar já, pois exigem outras análises. "É o que faremos em breve". E prosseguíamos dizendo:

"Mas o que nos interessa para a gnoseologia é a compreender como, para Platão, nosso espírito (*nous*) capta os esquemas desses *arithmoi*, desses *eide*.

Mas onde os capta? Como poderíamos conhecer um objeto se não o possuímos já de alguma maneira? Como se poderia dar a *assimilatio* do conhecimento sem o semelhante? Como posso conhecer sem que haja em mim algo que se assemelhe ao objeto?

É necessário alguma presença *em mim* do objeto. Que ele se imprima em mim através dos sentidos, compreende-se, mas como poderia imprimir-se em mim, sem que, de minha parte, se dê, emergentemente, uma aptidão para receber esta impressão?

Essa nossa capacidade de receber os objetos pelos sentidos não é tudo no conhecimento, pois *sei* que conheço e realizo, ao conhecer, uma atividade. Há algo latente em mim, que é despertado.

A Assimilatio

A *assimilatio* não se daria sem uma correspondência da minha parte. Algo retorna, que vem de mim; é como um recordar.

Platão fala-nos da *anamnésis*, de recordar (lembremos que *alétheia*, em grego, quer dizer *verdade*; ou seja, o que é desesquecido). Os nossos esquemas latentes são despertados para o ato intelectivo. Entre sujeito e objeto não há um abismo inflanqueável, mas apenas um vale.

Temos *formas inatas*, sem as quais como poderia dar-se a *assimilatio*, que exige uma adequação entre *o que* há no sujeito e *o que* há no objeto.

A forma, de que este participe, é assimilada (assemelhada) às formas latentes, que dormitavam em nós e são despertadas; estavam *esquecidas*, mas agora são recordadas (*anamnésis*).

E de onde vêm essas formas latentes senão do Ser de onde originamos, pois em nós não há algo que vem de todas as idades e de todos os tempos, algo eterno que vem em nós tomou esta forma? Não surgimos subitamente do nada, mas vimos de uma longa e eterna cadeia, cuja origem está no ser, e não podemos ter vindo do nada, senão este teria eficacidade de criar, e deixaria de ser nada para ser *ser*.

Plotino, neo-platônico, dizia: não se conhece senão aquilo do qual já possuímos uma forma. Mas, note-se, não é esta forma aqui agora, deste objeto. Se conheço pela primeira vez um objeto do mundo sensível, que nunca vira antes, não há um *recordar da forma deste objeto*, como muitos pretenderam entender em Platão, mas a forma deste objeto *imita* os arquétipos que me permitem conhecê-lo, do contrário seria para mim nada, como o é tudo quanto para o qual não tenho esquemas. Se conhecemos hoje o mundo microfísico é por que o traduzimos a formas macroscópicas: não o conhecemos como é em si, pois não temos formas para conhecê-lo. Nossos esquemas são limitados, portanto limitados a eles os nossos conhecimentos.

Platão é criticado por isso, pois tudo parece indicar que se limita ao nosso conhecimento sensível.

Mas há um erro nesse entender, pois o ser, para Platão, é transcendental, e sua essência é o Bem. O ser pode admitir um contrário, mas o Bem não tolera a oposição de um não-ser absoluto. Ademais, os *eide*, que são arquétipos, permitem-nos conhecer o que não nos é dado apenas pelos sentidos.

A Crítica de Aristóteles

A concepção platônica foi desvirtuada pela crítica que lhe fez Aristóteles, pois empírico-racionalista como era, atualizou apenas o que do ângulo empírico era possível ver. Procuraremos evidenciar a positividade que tem a concepção platônica, infelizmente tantas vezes virtualizada através da visão caricatural que se costuma fazer do seu pensamento. Vê-se por estas nossas palavras que as dificuldades que encontrou Sócrates no diálogo para responder às objeções de Parmênides são facilmente compreensíveis, pois era aquele, então, jovem. Ao comentarmos, oportunamente as palavras de Parmênides, salientaremos o que tivemos ocasião de examinar nas palavras que acima reproduzimos.

Não se pode separar o pensamento platônico do pitagórico, quando devidamente compreendido, e queremos referir-nos ao pensamento do grau de *teleiotes*, e não ao pensamento dos pitagóricos posteriores, neo-pitagóricos, já tão desvirtuados e afastados do genuíno pensamento do fundador da escola de Crotona.

Não sendo esses *arithmoi* (Formas para Platão) meros nadas, a sua realidade é que nos cabe precisar. E é essa realidade que é um dos pontos centrais da filosofia socrático-platônica, e que não pode ser compreendida sem o exame da participação, da *metexis* platônica, que corresponde à *mimesis* pitagórica, à *imitatio*, à imitação, a qual implica, no seu conteúdo eidético, uma repetição, porque o imitante, de certo modo, repete o imitado.

A repetibilidade não é uma impossibilidade ante o ser, desde que se demonstre a mesma origem universal das coisas. Há, assim, próxima ou remotamente, uma univocidade entre o imitante e o imitado, e essa univocidade é algo e não nada, é algo que deve ser o *mesmo*, cujo conceito exige o de *idêntico*. Há um *idem* que conexiona todas as coisas, umas às outras, mais próxima ou mais remotamente. E o que conexiona todas as coisas é o ser e, neste, de qualquer modo, todas as coisas coincidem, e nele incidem.

Na gnoseologia platônica, o conhecido tem uma estrutura. Mas não seria conhecido *em sua* estrutura se esta não se assemelhasse a um conjunto de esquemas que antecedem ao conhecimento. Conhecemos o cognoscível, e este é tal, na proporção que seus elementos estruturais o são. Foi o que mostramos nas páginas que reproduzimos.

Há em nós, portanto, uma esquemática, que é prévia ao conhecimento. O conhecido só o é na proporção que é assimilado aos esquemas que antecedem à cognição. O conhecido é esquematizado numa totalidade (esquema do *cognitum*), mas cujas partes componentes correspondem a esquemas que o antecedem. Esse pensamento platônico encontra seus fundamentos, hodiernamente, nos estudos psicológicos.

As Formas

Ao tratarmos de tal tema, assim escrevemos em *Filosofia da Crise*:
"A própria efetivação da forma, neste ou naquele ser, demonstra que ela era alguma coisa, e não o puro nada, antes do seu surgimento, nesta ou naquela coisa, pois, do contrário, não teria surgido no pleno exercício desta ou daquela atualidade. Por um vício natural do espírito humano, cujo esquema tem uma base muito mais profunda na nossa experiência vital, tendemos naturalmente a substancializar as coisas, para dar-lhes uma firmeza que as sustente. É natural que, num pensamento filosoficamente incipiente, procurassem alguns dar às formas uma substancialidade qualquer, mesmo de grau intensistamente fraco, considerando-as, assim, como algo com uma estrutura ôntica limitada. Daí a necessidade de colocá-las em um lugar, o que já revela debilidade filosófica.

Jamais o pensamento platônico se pode confundir com esse pensamento vulgar. Considerar, como tal, a concepção de Platão, é um modo de caricaturizar a sua filosofia.

As formas não são para ele topicamente ubiquadas em qualquer lugar. Nem tampouco tem elas qualquer estrutura sensível, isto é, captável pela intuição sensível. Eis por que não pertencem elas ao mundo da aparência, ao mundo do fenômeno, que é precisamente o que é captado pela intuição sensível, pelos sentidos. Se as formas têm uma consistência, não tem elas uma subsistência, com perseidade (de *per se*), isto é, atualizadas fora de suas causas, como é próprio de todo existente.

Aqueles que pitagorizam Platão, como é comum dizer-se, na verdade interpretam genuinamente o pensamento do grande filósofo grego, pois as formas, não tendo uma existência de per si, pertencem, no entanto, ao mundo verdade, que é o mundo divino, do Ser Supremo, no qual elas subsistem. Todos os seres, que formam uma unidade de qualquer espécie, quer de mera agregação, quer por acidente, quer substancialmente, tem uma forma, pelo qual são o que são, e não outra coisa. Esta forma, que é intrínseca aos seres, é a sua lei de proporcionalidade intrínseca que lhes dá a especificidade. Quando Tomás de Aquino diz que a forma, enquanto ela mesma não é propriamente um ente, mas sim através dela é que alguma coisa é o que é, quer dizer que a forma é produzida, não como uma forma de per si subsistente, mas por ter tal forma é que a coisa é propriamente produzida. Neste caso, o sujeito da forma achava-se num estado potencial para receber, graças à ação da causa eficiente, esta ou aquela forma de uma espécie determinada, que, na língua latina, corresponde ao *eidos* aristotélico, *mas na coisa*."

A Forma como Proporcionalidade Intrínseca

Analisando este pensamento, podemos dizer o seguinte: esta coisa é desta espécie porque tem tal forma desta espécie. Portanto, a forma é o *pelo qual* esta matéria é isto e não aquilo. Considerada a matéria, enquanto tal, ela seria indeterminada quanto à forma adquirida, e esta matéria tornou-se a matéria *de*, pela funcionalidade da forma. Para grosseiramente exemplificar, poderíamos dizer que um monte de barro, enquanto barro, não é ainda um vaso, senão quando recebe a forma do vaso, graças à causa eficiente que o modela. E, nesse momento, o barro passou a ser um vaso, *pela* forma que recebeu. A forma não é propriamente um o *que* (*quod*), que se agregou ao barro.

Apenas este, como matéria, foi modelado, recebendo uma proporcionalidade intrínseca, assumido, assim, pela forma de um vaso, sem que propriamente tivesse ele aumentado ou diminuído quanto à sua matéria, mas apenas recebeu delimitações, determinações, pelas quais deixou de ser apenas um mero monte de barro para ser um vaso-de-barro.

Neste *de-barro*, temos o que Aristóteles chamava a causa material; na forma que recebe *de vaso*, a causa formal, e na ação *do homem* que o modelou, a causa eficiente. A forma, portanto, não tem uma substancialidade quando tomada isoladamente pelo nosso espírito que a abstraiu, segundo o ponto de vista aristotélico, como também segundo o tomista, da coisa, na qual ela estava informada. Consequentemente, a expressão de Tomás de Aquino de que é "através dela" que alguma coisa é, fica, nesta posição filosófica, perfeitamente esclarecida.

Podemos examinar o pensamento platônico, permanecendo ainda neste grosseiro exemplo, que, no entanto, permite clarear os horizontes que delimitam as duas doutrinas. Antes de haver surgido, feito pela mão humana, o primeiro vaso de barro, a *forma vaso* não era um mero nada, porque se o fosse nunca poderia ter-se tornado existente no barro[17].

Mas a forma, tomada em si, não tem materialidade; portanto não é captável pelos nossos sentidos, não é um fenômeno que surja aos mesmos.

Neste ponto, tanto uns como outros estão plenamente de acordo. Mas o que caracteriza o pensamento platônico está nesta distinção, que é capital: a forma, se não é do mundo da aparência, é, pelo menos, do mundo da inteligência, pois pode ser captada intelectivamente, permitindo que, pela abstração, realizada pelo nosso intelecto, possa ser tomada à parte. Neste ponto, ambos estariam de acordo. Surge, agora, o momento em que ambas doutrinas se separam: é que antes dessa informação da matéria, isto é, antes do barro ter recebido a forma do vaso, esta forma, se não pertence ao mundo da aparência, não pode, por sua vez, ser reduzi-

---

17. Nunca é demais salientar que não se deve confundir a forma com a figura. No exemplo, sendo o vaso um ente da cultura, sua forma pode confundir-se com a figura, que é uma determinação qualitativa da quantidade. Mas um ser da natureza tem uma forma, por isso, o exemplo é grosseiro, mas serve para esclarecer.

da a um puro nada, pois, do contrário, essa certa quantidade de barro e a forma de vaso ou outra qualquer, seriam idênticas, o que repugnaria ao nosso espírito.

Considerando assim, a forma não pode ser classificada como um puro nada, mas, sim, como alguma coisa; portanto como uma entidade, diversa da matéria, uma entidade formal no sentido do *eidos* de Platão, isto é, como um ser de outra ordem, que não a da materialidade; em suma, um ser imaterial.

Se o barro pode receber a forma de um vaso, fundando-nos na nossa classificação dos fatores emergentes e predisponentes, temos que reconhecer que o barro tinha a possibilidade passiva de receber essa forma. E se levássemos mais longinquamente o nosso pensamento, poderíamos dizer que o que constitui o barro, a matéria do qual o barro vem, já continha em si, na sua emergência, a potência passiva de, por sua vez, receber a forma do *barro*. E como nessa peregrinação não poderíamos ir até o infinito, e encontraríamos o ser, temos de admitir que, no ser, há a aptidão para apresentar-se com todas as formas que já surgiram, que surgem, e que acaso venham a surgir. E essas formas não vêm de modo algum do nada, por que já estão contidas na aptidão do ser. O que as temporaliza são os momentos em que elas informam a matéria, mas, enquanto formas, elas são coeternas com o ser, e subsistem na coeternalidade do ser.

E como não tem elas a menor materialidade, não tem também uma ubiquação no espaço nem no tempo, e, deste modo, não se pode pedir um lugar (pois esse conceito implica espaço), onde estejam as formas, mas sim subsistem elas no mundo-verdade, que é o mundo divino do ser. Em linhas singelas, é esse o genuíno pensamento platônico. Mas tal pensamento é decorrente do verdadeiro pensamento pitagórico. É o que vamos mostrar.

O Arithmós

Qualquer manual de filosofia nos diz que Pitágoras ensinava, e os pitagóricos repetiam que a essência, neste caso a forma, de todos os seres, são os números. Usava Pitágoras o termo grego *arithmós*, e construiu uma verdadeira *aritmologia*, uma ciência do número, ao prescrutar a essência de todas as coisas. Ponhamos de lado o erro vulgar de considerar-se os números pitagóricos como apenas quantitativos, como são os números da aritmética, produtos de uma abstração da quantidade, o que Pitágoras repelia, pois a estes os chamava de números de cálculo (*arithmós logistikós*). Devemos considerar ainda que os números eram considerados, por ele, não só nesse sentido, como também, como qualitativos, como valores, tensões, conjuntos, funções, relações, harmonia, símbolos, fluxos, etc.. É, portanto, um crasso erro julgar que os pitagóricos afirmassem que a essência das coisas fossem os números aritméticos, os números sensíveis. Toda forma, que é intrínseca a cada ser, é uma proporcionalidade interna, que não é apenas quantitativa, mas também qualitativa, relacional, funcional, etc. O *pelo qual* a coisa é o que é e não outra, que é a sua essência, é essa proporcionalidade, que é uma harmonia dos opostos intrínsecos de um ser. Portanto, a essência das coisas finitas, para Pitágoras, implica sempre a cooperação de opostos. Um ser finito conhece limites, como tivemos oportunidade de ver. A própria forma, no ser, é uma estrutura ôntica, que aponta esses limites intrínsecos e, consequentemente, o que não é ela.

Todo ser é assim o que ele é, e o que ele não é, ou o de que ele está privado. Todo ser é composto da sua presencialidade ontológica e ôntica, e da ausência, privação, que o delimita extrinsecamente. A sua intrinsicidade, a proporcionalidade, que revela, implica, pelo menos, dois, pois todo ser finito é ato e também potência, todo ser finito é, portanto, numeroso na sua íntima estrutura, e tem um número. Este número, *arithmós*, é a lei de proporcionalidade intrínseca do ser, é a sua essência ontologicamente considerada.

Neste ser, aqui e agora, que se existencializa no tempo e no espaço, essa lei é repetida, embora apresente variantes outras que pertencem aos elementos componentes, mas também à invariância da proporcionalidade intrínseca, que é a sua essência, o seu *arithmós, pelo qual* ele é o que é, e não outra coisa.

A forma platônica é esse *arithmós*, não quando concreto na coisa, mas quando subsistente na ordem do ser, no mundo verdade. Este ser repete esse *arithmós*, e, nesse repetir, imita, com o que tem, aquela proporcionalidade, e estamos na *mimesis* platônica (imitação). Por isso diz que as coisas imitam as formas pois, enquanto tais, são as formas[18].

As formas são imateriais e se elas se existencializassem nas coisas, tornar-se-iam materiais. As coisas repetem-nas, mas não se identificam com as formas, porque, se com elas se identificassem, tornar-se-iam imateriais, e seriam formas. Deste modo, elas imitam as formas, materialmente, isto é, participam delas pela lei da harmonia intrínseca, a lei da proporcionalidade, sem, no entanto, *serem* elas, as quais permanecem eternas na ordem divina do ser.

A Substância das Formas

E, nessa ordem divina, seriam essas formas subsistentes? E se o são, de que modo o seriam? Há, no pensamento platônico, um fundamento quanto à subsistência das formas? É o que nos cabe agora analisar.

Exemplificando com as idéias matemáticas, o número 3, por exemplo, seria uma aptidão dos seres de serem numerados em três, sem que, por isso, essa forma matemática se existencialize em todos os seres que possam ser numerados com 3. Dizer que é um ente meramente mental, isto é, sem uma presença *extra mentis*, seria considerá-lo mera criação humana. No entanto, um outro ser inteligente, que não o homem, poderia também numerar os seres por três, provando, assim, que essa forma matemática tem um ser que escapa ao campo do meramente conceitual humano. Se procurássemos quanto às formas, em que consistiria o seu ser, seguindo a linha platônica, não poderíamos aceitar uma subsistência à semelhança dos seres corpóreos, nem Platão quis dar qual-

---

18. A mímesis não é propriamente platônica, mas pitagórica. Platão fala na participação (metexis), mas esta, como veremos, implica a mímesis.

quer corporeidade a elas. Mas daí considerá-las como apenas mentais, como o faz o nominalismo, nas suas diversas modalidades, seria afirmar que a forma da maçã apenas tem existência na comunidade de notas das diversas maçãs, com as quais construímos o nosso conceito, que é um esquema abstrato noético das maçãs, deixando de considerar o esquema concreto, que é a proporcionalidade intrínseca de cada maçã. Também não se poderia considerar a forma como subsistente apenas no esquema concreto dos indivíduos, especificamente determinados. A forma da maçã não está apenas na forma concreta desta ou daquela.

A forma, como lei da proporcionalidade, teria certa analogia com as formas matemáticas, como a relação entre o diâmetro e a circunferência, que revela uma relação constante de proporcionalidade, muito embora seja essa circunferência de dimensões maiores ou menores. Na ordem do ser, na ordem ontológica, todas as circunferências, sejam de que dimensão forem, terão, em relação ao seu diâmetro, a mesma proporção de 3,1416...

Percebe-se, assim, sem grande dificuldade, que as formas subsistem na ordem do ser, eternas e imutáveis, independentemente dos indivíduos que as imitem ou copiem. Esta aptidão do ser, este modo de ser aptitudinal das formas, não pode ser um mero nada. Se não subsistem, como as coisas corpóreas, terão uma subsistência incorpórea no ser?

Ora o ser, como fonte, origem e princípio de todas as coisas, e único, como é demonstrado ontologicamente, é infinito. E a sua infinidade é uma infinidade de simples simplicidade, pois não é composto, pois se o fosse seria de ser, e não é numeroso, pois consiste apenas em si mesmo. Nele, identificam-se essência e existência, pois, do contrário, haveria um outro.

Por essa razão Pitágoras dizia que o Um (referindo-se ao ser enquanto ser na infinitude) não é número, porque nele não há o numeroso.

As formas platônicas encontrariam nesse ser a sua subsistência. E para glosarmos um pensamento de Duns Scot, se o ser é infinito, nele tudo é infinito. E a idéia de infinitude exige, implica, a de existência, pois o infinito inexistente seria absurdo. E se as idéias nele subsistem, elas tem de ser infinitas, e, como tais, serão um modo de existir infinito, por isso são eternas e imutáveis, existindo coeternas com o ser, sem que se possa considerar como limitações dele, pois lhes falta uma topicidade, uma estrutura ontológica limitada, que as tornaria, por sua vez, limitantes[19]

Existencialidade das Formas

Portanto, têm elas uma existencialidade essencial, quer dizer puramente ontológica no ser, sem limites determinados, mas apenas distinguindo-se, não real-fisicamente do ser, mas apenas formalmente, pois o ser infinito é ao mesmo tempo a infinitude das formas. A existencialização das formas, e em seres corpóreos, dar-se-ia pela imitação da corporeidade e não pela efetivação da forma ao informar a matéria, pois, nesse caso, dar-se-ia um segundo existir, inferior ao ontologicamente precedente, o que as tornaria hierarquicamente inferiores e, consequentemente, negaria a sua infinitude. Portanto, para o pensamento platônico, as formas, que se dão nas coisas, são apenas imitações das formas subsistentes no Ser Supremo.

Colocado assim, o pensamento platônico é adequado ao pitagórico.

Consequentemente, não podiam deixar de reconhecer que a forma era apenas o *pelo qual ou através de* se permitia que uma coisa se tornasse o que era, e não outra. O pensamento platônico-pitagórico não negaria a positividade do pensamento aristotélico-tomista, mas apenas considerá-lo-ia como parcial, não abrangendo a totalidade do que podemos construir, através de nossas especulações sobre a forma.

Resta-nos agora esclarecer o tema da participação para a boa compreensão e para justificação do que temos escrito, como também do pensamento socrático-platônico para que possamos des-

---

19. Propriamente, Duns Scot não dá às formas, subsistentes apenas no Ser, infinitude idêntica à do Ser Supremo, o que não cabe aqui por ora examinar.

fazer os sofismas de Parmênides que, Sócrates, jovem, não podia e não sabia destruir.

A Tríada Pitagórica e a Platônica

As duas tríadas inferiores dos *arithmoi* pitagóricos, e também do pensamento platônico, são as seguintes:
1) os arithmoi arkhai (os números arquetípicos)
2) as estruturas ontológicas
3) as formas
4) os números matemáticos
5) as estruturas geométricas
6) as coisas sensíveis

Assim este ser, aqui e agora, é uma coisa sensível, objeto de intuição dos sentidos, mas tem ele uma estrutura física, que pode ser reduzida às figuras geométricas. Poder-se-ia descrever este objeto sensível, através de estruturas geométricas, o que seria um modo de abstraí-lo, como o faz, na arte, o cubismo. E essas estruturas geométricas podem ser referidas por números matemáticos, num grau mais elevado de abstração. Poder-se-ia considerá-lo sob a forma. Esta é a lei da proporcionalidade intrínseca das estruturas ônticas. A forma, por sua vez, pode ser reduzida às estruturas ontológicas, como a forma do homem, que se reduz às estruturas da animalidade e da racionalidade. Estas estruturas podem ser reduzidas ao *arithmoi arkhai* (os números arquetípicos), como o veremos oportunamente.

João é um homem, que está aqui e agora. Nele captamos sensivelmente o que *é para* os nossos sentidos. Podemos reduzi-lo a uma estrutura geométrica, e esta a números, pois todas as coisas sensíveis têm uma estrutura geométrica e são expressáveis em números da matemática comum. A forma de João é a humana. João é um *homem*. Mas homem, que João representa subjetivamente, tem uma estrutura ontológica. Aproveitamos a definição clássica: homem = animal racional. Sua estrutura ontológica é animalidade e racionalidade. Se *homem* tem um ser que o representa subjetivamente, isto é, alguém *é* homem, as estruturas ontológicas já não os tem, pois alguém não é a animalidade nem a racionalidade, mas *tem* uma e outra. Por sua vez, animalidade e racionalidade podem ser "decompostas" em suas estruturas ontológicas até alcançar-se aquele conjunto de *arithmoi arkhai*, que são do Ser. Assim a animalidade = vida + sensibilidade; mas vida já é irredutível, pois seu *logos* é do Ser. A participação dá-se nas estruturas ontológicas. Não há um ser que participe da humanidade, mas da sua estrutura ontológica. O homem não participa da forma de um animal, mas da estrutura ontológica de que também os animais participam.

Tais explicações, que ora oferecemos, nos permitem compreender melhor o pensamento socrático-platônico, e nos facilita o exame da crítica que lhe fizeram. E temos certeza que a nossa interpretação é justa, porque é mais coerente. E a coerência de um pensamento deve ser procurada, mesmo quando não a encontremos num autor ao expressar as suas idéias.

A Coerência Filosófica

Desejamos ser mais explícitos e mais claros. Um grande filósofo caracteriza-se também pela coerência do seu pensamento. Esta deve ser buscada em sua obra. Quando, à primeira vista, topamos com algo que nos parece incoerente ou contraditório, devemos sempre estabelecer um ponto de partida que bem nos guiará para melhor caminho: se é tão patente aos nossos olhos a incoerência, não o teria sido aos olhos do autor? É o que nos ensina o nosso método da suspicácia. Suspeitemos mais de nós que dos outros. Não aceitemos facilmente, sem um exame muito rigoroso, a contradição ou a incoerência, que parecem patentes e efetivas. Talvez provenham elas de uma deficiência de nossa compreensão, e não do pensamento em exame.

Não é possível atribuir a Sócrates e a Platão uma posição ingênua, e afirmativas que cabem a discípulos, menores, que não estavam à altura do mestre. Aristóteles não foi muito fiel à exposição do pensamento platônico, como nós salientamos, e observamos no exame que fazemos de sua monumental *Metafísica*.

Todos sabem quanto Tomás de Aquino, esse genial e soberbo filósofo medieval, sofreu a influência do pensamento aristotélico, como também do platônico. Da obra platônica manuseara apenas o *Timeu*, graças a Boécio, e quanto aos outros diálogos só os conhecia através de referências. No entanto, com tão parcos meios, esse gigante do pensamento foi muito mais justo na crítica do platonismo do que outros, e não se pode deixar de afirmar que toda a obra do aquinatense está movida pelo intuito de conciliar o pensamento aristotélico ao platônico, numa concepção mais alta. E o caminho encontrado por Tomás de Aquino foi o da participação, que conexiona, de modo admirável, as grandes contribuições desses dois magnos filósofos da antigüidade grega.

Para ele, contudo, as formas (*idéias*) platônicas nascem da projeção dos objetos da realidade, que correspondem, não somente ao nosso conhecimento em geral, mas, especialmente, ao nosso conhecimento abstrato. É a universalidade mais abstrata que se torna o critério da realidade mais perfeita, como salienta Geiger ao comentar o seu pensamento.

À primeira vista, ao partirmos das coisas sensíveis, tal parece ser verdade. Não esqueçamos que Aristóteles era um empirista-racionalista, como também o era Tomás de Aquino. Para eles, portanto, o ponto de partida são as coisas sensíveis. Consequentemente, a estrutura geométrica já é um grau de abstração que aumenta constantemente até alcançar aos *arithmoi arkhai*.

A Abstração

Mas quem realiza a abstração é o empirista e não o platônico. Pois não é a estrutura geométrica que dá maior concreção e realidade às coisas sensíveis? E não são as suas relações numéricas (números matemáticos), que dão maior concreção à estrutura geométrica? Pois não é esta produto de um correlacionamento de proporções, sem as quais a coisa sensível não é o que ela é? E acaso a forma dessa coisa não lhe dá concreção? E não é a estrutura ontológica, que constitui a proporcionalidade intrínseca, que é a forma, que lhe dá a realidade de ser isto ou aquilo? E assim sucessivamente. A abstração é uma função da nossa mente, mas, pelo fato de a realizarmos, não despojamos de realidade das coisas. Não tiramos a realidade das coisas sensíveis se as examinamos em sua estrutura geométrica, pois, sem esta, a coisa sensível desapareceria. Portanto, sem os elementos ascendentes das duas tríadas, as coisas sensíveis seriam inanes.

É o inverso da ordem empirista. Se o nosso conhecimento segue o vetor dos empiristas, e Platão não o negava, a ordem da realidade é de vetor inverso. Ela parte do Ser primeiro, sem o qual nenhuma coisa tem realidade. É dele que vem a realidade que há em qualquer coisa.

Vê-se, assim, de modo claro, que o pensamento platônico é *concreto*, eminentemente concreto, embora não siga a *via empírica*, mas a *via ontológica*.

Mas um vetor não implica a exclusão do outro. Que o empirista parta das coisas sensíveis para abstrair, destacar as estruturas superiores, não impede tal processo que a realidade das coisas sensíveis seja dada, ontológica e onticamente, pelas estruturas superiores, que constituem a sua forma e realidade. O platonismo não está refutado por essa abstração. Mesmo que tivesse ele surgido da empíria, de uma especulação sobre o empírico, o que o justifica é uma razão ontológica e não meramente experimental, é a especulação ontológica que o fundamenta. Não procede, pois, a acusação de Tomás de Aquino a Platão de que este realizara seu pensamento através de uma mera abstração, no sentido sempre pejorativo que o empirista lhe pretende dar[20]. Não é a abstração a construtora das estruturas; ela apenas facilitou captá-las. Para o platonismo não é a coisa sensível que dá realidade à estrutura

---

20. Deve-se, contudo, fazer justiça a Tomás de Aquino, pois o seu erro cabe debitar à má informação que tinha da obra platônica. Ele conhecia Platão através de Boécio e de Aristóteles. E quando constrói o pensamento da participação, como esta devera ser compreendida, ele o constrói nos degraus do genuíno platonismo. É o que mais uma vez nos revela o imenso talento desse genial filósofo, luminar do pensamento humano, pois dispondo de tão magros recursos de textos, conseguiu alcançar o que o grande grego havia construído. Esta é também a razão que nos leva a afirmar, contra a opinião dos tomistas que conhecemos, que Tomás de Aquino é mais platônico que aristotélico. E a prova dessa afirmação virá a seu tempo.

geométrica, mas esta que empresta realidade àquela, pois sem esta aquela é impossível. E assim se pode levar o pensamento até o Ser Supremo, de onde partem os *arithmoi arkhai*, pois, sem o ser, não seriam possíveis as coisas sensíveis. A realidade vem, portanto, de cima e não de baixo. Sem o ser, teríamos o nada absoluto, o que é absurdo, como o mostramos e provamos em *Filosofia Concreta*. A máxima realidade está nele, portanto. É o Ser Supremo, primeiro, o mais real, e é ele que dá realidade aos outros, pois o nada não poderia dar realidade, porque não a tem.

A Crítica de Ross

Demonstra Platão que é *um* o que o homem capta em primeiro lugar, o *um* e o *bem*, sem os quais nada captaria. Todo o nosso conhecimento, já o demonstramos em trabalhos anteriores, funda-se na captação do *um*, da unidade. Só a unidade pode ser objeto de conhecimento, pois o que não é de certo modo um é nada, e o nada não pode ser objeto de uma captação. O que não é uma unidade não tem qualquer presença, e o que não tem qualquer presença é nada. Ora, se capto o verde deste objeto capto *um* verde, pois se não é *um*, é nada. O um é, portanto, primeiro na inteligência. Um e bem se implicam mutuamente, como já o demonstramos em *Filosofia Concreta*. O Ser Supremo é Um em si e Bem em si.
E não cabe aqui a crítica de Ross.
Reproduzamos primeiramente as suas palavras:
"Many interpreters of Plato have said that in his system God and the Idea of good are identical; but this view cannot be maintained. It wood be ruer to say two things: First, that while any Idea, and therefore the Idea of good, is for Plato always a universal, a nature, wherever he speaks of God he means a being having a nature, and in particular not gooodeness but a supremely good being" (Ross "Plato's Theory of Ideas, p. 43, ed. Oxford).

Em suma, para Ross, não há identidade entre Deus e a idéia (forma) do bem. Deus, para Platão, tem uma natureza e não é subjetivamente (em particular) a bondade. *Ele é apenas um ser supremamente bom.* Ora, se ele é um ser supremamente bom é o bem no máximo grau de ser bom. E que é o bem no máximo grau de ser bom senão o próprio bem? Portanto, ele é o próprio bem, ele é subjetivamente o bem; ou melhor, Deus e Bem são idênticos. E se não o fosse, haveria um ser que seria supremamente o bem, e teria mais ser que o Ser Supremo, o que seria absurdo. Ross se tivesse meditado melhor teria chegado a este ponto, o que evitaria outros erros, sem que tal afirmativa queira desmerecer o valor de sua obra para os atuais estudos do pensamento platônico.

Natureza das Formas

Para levarmos avante nosso exame sobre a participação, como retamente deve ser afirmada, precisamos examinar agora a natureza das formas platônicas.

Já vimos que não é apenas o produto de uma abstração, como o pensou Tomás de Aquino, o que aliás é o pensamento mais comum. Se as alcançamos através da ascese abstratista, a sua realidade é outra, como já o demonstramos.

No homem sensível, não há apenas a forma humana, mas algo que é separado da forma humana-em-si, seu corpo, a matéria que o constitui. O homem-em-si é apenas o que se contém na *humanitas*. Esta, portanto, é autônoma ao homem sensível, tem uma estrutura formal, uma integridade formal, caracteres que distinguem a Forma e os seres sensíveis, pois estes não são autônomos, nem têm uma integridade formal, pois são isto e aquilo, tem isto e aquilo, são *compostos* e *limitados*, e não são *apenas* o formal. São os seres sensíveis, compostos de matéria e forma. Esta é recebida naquela, e é recebida proporcionadamente à capacidade de receber desta; portanto, a forma, *nesta* matéria, não possui a perfeição formal, a integridade absoluta da forma. Consequentemente, o ser sensível participa, tem *parcialmente* a forma.

Este será um ponto de partida para Parmênides tentar refutar o pensamento socrático. Mas essa participação por composição não é a genuinamente platônica. E se Sócrates, nesse diálogo, não soube responder devidamente, é porque havia nessa obra o intuito nobre e aristocrático de Platão de dar toda "chance" a Parmênides. Mas tal não implica que o pensamento socrático não pudesse ter uma defesa melhor. Se fosse esse o sentido da participação platônica, a crítica seria procedente. Eis por que temos de prosseguir no exame para que se esclareçam bem as passagens desse diálogo, o que nos servirá para compreendermos melhor a obra do autor de *A República*.

Se a participação se desse apenas por composição, teríamos de partir da afirmação de que a matéria limita a forma. Consequentemente, é a matéria um fator de imperfeição. Neste caso, a matéria seria, por sua vez, autônoma e independente.

Parece ser esse o pensamento platônico. É o que vemos afirmado em Petrus Lombardus; é o que transparece na exegese do *Timeu*, que Tomás de Aquino conhecia. "*No Timeu*, Platão afirma que há três princípios, a saber: Deus, o exemplar e a matéria. São eles incriados e sem princípio, e Deus é o artesão antes que o criador" (II Sent., d. 1, init). Mas não esqueçamos que, naquele diálogo, há duas passagens que nos permitem compreender bem o "mito do demiurgo". Temo-lo em 28 c — "Contudo, descobrir o autor e o pai desse Universo é uma grande façanha, e quando o tenhamos descoberto, é *impossível divulgá-lo a todos*".Salientamos tais palavras para que sejam bem consideradas. E prossegue ele em 29 d: "... é mister... lembrando-nos de mim que falo, e vós que julgais, (que) somos homens, de modo que nos basta aceitar, nessas matérias, um conto verossimilhante (*mython apodekoménous*), e que não devemos buscar mais longe". É evidente, aqui, que o mito do demiurgo é apenas simbólico, e sendo tal não pode ser examinado pelos caminhos da lógica aristotélica, mas sim através de uma dialética simbólica, portanto pelo caminho da dialética socrático-platônica através das analogias. Afirmar a independência dos três elementos é interpretar, através dos cânones aristotélicos, o que é expressado dentro dos cânones socrático-platônico[21].

A Participação por Composição

A participação por composição consistiria, pois, *em receber particularmente o que pertence universalmente a um outro*. Neste caso, a matéria, que seria independente e separada das Formas, receberia, não propriamente as formas, mas o seu influxo, a influência, como interpreta Geiger ao comentar Tomás de Aquino. Por ser a matéria imperfeita, recebe *imperfeitamente* a forma.

Em *Lógica e Dialética*, demonstramos que não procede a afirmação de que Platão estabeleça a matéria como ser autônomo e independente, e no decurso de nossos comentários à sua obra provamo-lo com maior soma de elementos.

A participação genuinamente platônica não é a de composição, pois, se fosse, a forma se ubiqüaria na matéria, e estaria negada a *imitação*, estaria negada a *metexis*.

Parmênides, por considerá-la assim, facilmente destrói a concepção socrática. O jovem Sócrates ainda não havia captado em toda a sua profundidade o próprio pensamento, que não poderia ser o de uma participação por composição. Nesse momento, não sabe o que responder-lhe, mas o saberia depois, quando os anos lhe permitiriam aprofundar as suas idéias, e quando aquele já não estaria presente para ouvi-las.

Se assim fosse, a matéria exerceria uma ação delimitante sobre a forma imutável, o que é absurdo. A matéria apenas *copia* materialmente, isto é, dentro de sua natureza, a forma, uma projeção daquela; não a contém em si, não constitui ela uma composição,

---

21. Em nossos comentários ao Timeu, levamos mais longe essa análise, o que aqui é impossível de fazer, e provamos, de modo mais firme ainda, a improcedência da tese daqueles que querem fundar o pensamento de Platão no mito do demiurgo, tomando-o ao pé da letra. Em Pitágoras e o Tema do Número examinamos a tese do demiurgo, onde fixamos suas origens no pitagorismo.

pois a forma permanece imutável, apesar das coisas que a imitam, como a triangularidade permanece sendo a triangularidade, apesar dos triângulos estes ou aqueles.

Resta-nos, portanto, procurar mais distante, outra espécie de participação.

Tomás de Aquino via a participação assim, como a haviam visto os que o precederam, e sobre os quais fundou o seu pensamento sobre Platão.

Dois caminhos se defrontam agora: ou a forma é uma verdadeira causa eficiente, que atua sobre a matéria, modelando-a, e é a imperfeição desta que obstaculiza a perfeição da forma ou, então, a matéria compõe-se com a forma, para dar surgimento ao ser composto, este ou aquele. Esta solução já está afastada. Restaria, portanto, a primeira.

Segundo Tomás de Aquino: "(os platônicos) afirmavam que as formas, que estão na matéria, são produzidas pelas formas imateriais, porque consideravam eles que as formas materiais são espécies de participações das formas imateriais" (Summa Theologica — I, q. 110, a. 2, c).

Partindo dessa afirmativa, é ele levado a mostrar o erro de Aristóteles, que vira na participação platônica apenas uma afirmação verbal, pois não considerara o papel de causa eficiente que as formas exercem sobre a matéria.

Mas, na verdade, não é esse o pensamento platônico. Não há, aqui, propriamente *causalidade*, no sentido tão restrito, ou melhor, tão esquemático como é aceito comumente. As idéias não são uma causa de geração de um ser, de uma geração substancial. Elas não modelam a matéria; não há uma ação. Teríamos, aqui, uma visão meramente *física*, que bem se enquadra no modo de ver aristotélico, que jamais se afasta do empirismo, mas que não é genuinamente platônico.

O Ser para Platão

Afirma-se ainda que, no sistema platônico, a cópula *ser* tem o sentido de uma *identidade* absoluta. Ora, tal afirmativa é improcedente. Se o platonismo afirma que a coisa imita a forma e que, por ser imperfeito o imitante, é imperfeita a imitação, como poderia afirmar a identidade entre o imitante e o imitado? Admira-nos que tão conspícuos filósofos e exegetas afirmem tais coisas. O que realmente o platonismo quer afirmar é que há, de certo modo, uma identidade entre o ser e o que ele é, entre o analogado (o ser este ou aquele) e o seu *logos analogante*, ou a forma, a qual cumpre examinar e descobrir. O homem *tem* humanidade mas não é humanidade. Se assim fosse assistiria razão a Hípias em seu debate com Sócrates. Este procurava o *logos* da beleza, enquanto aquele apontava os seres belos. Se o homem *tem* humanidade não é a humanidade, o que não proíbe que tenha algo que não seja a humanidade. Não se empreste tamanha incoerência ao pensamento de Platão.

Assim, quando se diz que algo é mais branco, não quer dizer que tenha mais brancura, mas que é verdadeiramente mais branco, isto é, participa em um grau mais elevado da brancura. Mas o menos branco e o mais branco têm uma razão, o *logos* da brancura, são sempre brancura. Há, assim, na participação, algo que é unívoco, e algo que é gradativo. O participante participa, pois, do participado, em algo, univocamente, e, em algo, gradativamente.

A unicidade é da forma, da lei de proporcionalidade intrínseca da coisa, enquanto a gradatividade é condicionada pelos limites que interpõe o participante. Assim, num triângulo qualquer, há a triangularidade, a mesma sempre em todos os triângulos, mas este ou aquele triângulo não a realiza em sua plenitude, nem o podia fazer; pois, se com a forma se identificasse, seria ela. E, nesse caso, este triângulo aqui seria a triangularidade. E sendo este triângulo um ser físico, a triangularidade seria algo físico e não a lei de proporcionalidade intrínseca dos triângulos, que é propriamente a forma da triangularidade. Há, aqui, um ponto de identificação entre o pensamento platônico e o pitagórico, pois a forma é para este um *arithmós*, o qual é a lei de proporcionalidade intrínseca do ser. É por essa razão que o pensamento tardio de Platão é decididamente pitagórico.[22]

Assim, da coisa branca, dizemos que *é* branca e *tem* brancura, mas de brancura dizemos que é brancura, e não que tem brancura.

A Forma em Si

A forma em si mesma é apenas ela mesma. A forma não admite nenhum predicado *fora* dela. Assim a humanidade é apenas humanidade. É o que Santo Agostinho mostrava ao exemplificar que não se podia atribuir-lhe, de modo algum, a mortalidade, porque mortal não é da essência daquela. Mas o homem este ou aquele é mortal. Mas homem é uma noção conotativa, enquanto aquela é uma noção absoluta, e uma noção dessa espécie não tolera nada que seja "exterior" ao seu conteúdo, enquanto aquela pode receber predicados acidentais de número ilimitado. Era o que também afirmava Tomás de Aquino.

O que todos os entes têm em comum é o *ser*. Demonstramos em *Filosofia Concreta* que *ser* não tem graus, pois menos que ser é nada, e mais que ser ainda seria ser. O que constitui propriamente os graus são os modos de ser mais intensistamente isto ou aquilo. Há uma univocidade em tudo o que é quanto ao *logos* do ser, enquanto *logos* da onticidade, não quanto ao *logos* considerado ontologicamente, pois este ser pode ter mais perfeições que outros, mas, como ser que é, é como qualquer ser que é.

Assim, dois seres, enquanto ônticos, são, mas quanto à sua razão de ser isto ou aquilo, ontologicamente, são mais ou menos, embora a razão de ser isto ou aquilo, em ambos, é a mesma, porque há um invariante da forma, uma homogeneidade formal, que lhe dá a existência de ser isto ou aquilo.

Há, assim, na participação, uma identidade. E o platonismo a afirmava. Mas daí concluir que afirmava apenas isso, e só isso, há um exagero que vai além do genuíno pensamento de Platão.

---

[22]. A forma in re, na coisa, a lei de proporcionalidade intrínseca desta (hoc) coisa, imita a forma (eidos), porque esta coisa é determinada pela forma que tem, que lhe é proporcional.

Todos os entes participam do ser, da unidade (do um), do bem, em suma dos transcendentais. Mas nem todos participam desta ou daquela forma; isto é, nem todos têm sempre os mesmos *logoi*. Há *logoi* que pertencem a um e não a outro.

Não esgotamos com isso o tema da participação no platonismo, mas apenas oferecemos os elementos mais importantes que nos permitam prosseguir na análise do pensamento socrático-platônico. A esse tema, teremos muitas vezes, de retornar, não só para ampliar a sua análise, mas também para examinar mais cuidadosamente o pensamento do aristotelismo, do tomismo e outros, que não se desligam do pensamento grego. Mas, o que dissemos, julgamos por ora suficiente, e nos favorecerá, no decorrer da análise dos diálogos platônicos, a novas incursões em outros terrenos, o que será sobejamente útil para a finalidade dessa obra que ora empreendemos: a de dar uma visão mais nítida e genuína que possível do pensamento platônico.

Exame do Diálogo

Podemos agora examinar esta parte do diálogo. Parmênides pergunta se a participação é de uma parte da forma ou da sua totalidade. Ora, vê-se claramente que Parmênides quer afirmar que, na participação, há a recepção da forma, ou total ou parcial. Se total, sendo ela recebida *em* uma coisa, nessa coisa está contida, e como poderia estar também em outra? Torna, assim, *física* a forma. Esta vai compor o ser físico da coisa. Consequentemente, será absurdo estar em outras. E se está em outras, é que uma parte da forma está nesta coisa e outra parte naquela, que é semelhante a esta. É uma migalha da forma aqui, outra ali, outra acolá. Se é assim, a forma é divisível. Mas todo esse argumentar está compreendido numa esquemática física e na confusão entre *forma eidética e forma in re*.

Sócrates procura responder, lançando mão de um argumento que Proclo afirma ser de Zeno, que aquele analogicamente aproveita. Parmênides retruca, e Sócrates recolhe-se a um *talvez*. Ele vacila. Teme responder. Procura explicar canhestramente, para afirmar a participação *da parte*. Parmênides vence-o aqui, pois então a forma é divisível e, deste modo, os objetos participam apenas de uma parte dela, de uma migalha e, neste caso, nenhum ser a tem integralmente. Sócrates embaraça-se. Parmênides aproveita-se da fraqueza e prossegue levando a sua solução física aos extremos. Se a grandeza em si é divisível, cada uma das suas múltiplas partes são grandes, mas por uma parte de grandeza menor que a grandeza formal, portanto menor que a própria grandeza. Se recebe uma parcela da igualdade, a que recebe, por ser parcela, é menor que a igualdade, e se temos uma parte do pequeno, o pequeno-em-si será maior que essa parte, e o participante seria menor que o menor. Sócrates enleia-se, e Parmênides triunfante pergunta como pode haver participação, se não é possível nem participar da totalidade da forma nem de suas partes?

Ora, todos esses argumentos de Parmênides são frágeis, considerando-se o que já dissemos.

PARMÊNIDES

(Continuação)

— Pois bem, como enfrentarias o seguinte problema?
— Qual?
132 A — Eis, penso, o que te faz julgar que cada idéia é uma: quando vários objetos te parecem grandes, se tu olhas todos ao mesmo tempo, parecer-te-á sem dúvida que há, em todos, um só e mesmo caráter, de onde inferes que a grandeza é uma.
— Isto é verdade, disse Sócrates.
— Mas se juntas ao mesmo tempo, em teu pensamento a própria grandeza e as coisas grandes, não vês aparecer ainda uma outra grandeza, pela qual todas aquelas parecem necessariamente grandes?
— Parece.
B — Portanto, uma outra forma de grandeza aparece, e inclui por isso a grandeza em si e seus participantes. Depois, após tudo isso, uma outra, pela qual tudo isso é grande, e cada uma de tuas formas não mais será única, mas infinita multiplicidade[23].

---

23. Apresenta-se agora o argumento "do terceiro homem": se o que se afirma de muitas coisas ao mesmo temo é distinto dessas coisas e subsistente por si, haverá, sendo afirmado o homem, os indivíduos e a Forma, um terceiro homem distinto e também distintos indivíduos e a Forma. Haverá ainda um quarto, depois um quinto e assim ao infinito. (Alexandre, in Metaph. 990 b 15, pag. 83, Hayduck). (Diès). Mas a objeção não era nova para Platão, anota Chambry. Com efeito, ele disse (Rep. 597 c) que não há senão uma só forma de alguma coisa, por exemplo, do leito: "pois se Deus houvesse feito somente dois leitos, um outro apareceria dos quais esses dois teriam a forma, e seria esse último o leito, não os dois outros".

COMENTÁRIOS

É evidente, pelo que já vimos, que a participação no pensamento socrático-platônico, não é de *composição*, pois a forma não se compõe com a matéria para dar surgimento a alguma coisa. Mas o que é, contudo, evidente, é que há, na coisa, uma forma também. Não sendo esta o *eidos* imutável, eterno e singular, só pode ser uma cópia daquela. E como se poderia dar essa cópia? Ela se dá pela disposição da matéria à semelhança da forma, ou melhor: a proporcionalidade intrínseca do ser repete, *materialmente*, o que a forma é *imaterialmente*. Há, assim, uma analogia entre a forma concreta (o esquema concreto) da coisa (*in re*), e a forma eidética do platonismo.

Uma série de problemas surgem aqui, genuínas aporias, sem cuja solução não é possível alcançar-se retamente o pensamento platônico. Vamos salientar algumas das principais, cujas respostas, embora estejam contidas na seqüência dos comentários que oferecemos aos outros diálogos, serão, contudo, expostas em linhas gerais neste. Colocam-se, desde logo, os seguintes proble-

mas, sem cuja solução, a participação socrático-platônica não pode ser devidamente entendida:
1) Que é matéria, e em que consiste?
2) Como, nesta, pode haver uma imitação da *forma eidética*? O que há nesta que fundamenta a imitação?
3) São as formas eidéticas separadas? E se são, em que consiste essa separação? Ademais, qual o modo de ser das formas eidéticas?
4) Se as formas eidéticas atuam ou não na matéria, se atuam, como se explicaria essa atuação, e se não atuam, como a matéria, de per si, poderia imitar a forma eidética?

A Matéria para Platão

Em nossos comentários ao *Timeu* estudamos com mais proficiência o conceito platônico de matéria, bem como em *Pitágoras e o Tema do Número*. Contudo, em Platão, a matéria surge como um ser de natureza plástica (*ekmageion*) como uma massa capaz de ser assumida por ilimitadas formas, ao copiá-las.

A matéria é assim *modelável* e capaz de imitar as formas. Não é, para ele, um puro nada, porque seria absurdo, mas sim um ser capaz de receber de mínima até máxima determinação (díada indeterminada, mas determinável). Mais adiante demonstraremos que a matéria não é um *outro* fora do ser, como pretendem aqueles que o classificam de dualista. A matéria é a capacidade de assumir formas corpóreas, por imitação, *mimesis*. Sabemos que há aqui uma longa controvérsia entre os exegetas. Para alguns, a matéria é um puro nada, para outros ela nada mais é que o espaço, isto é, o grande vácuo, que é modelado pelo demiurgo, como vemos no mito exposto no *Timeu*. Como as formas transcendem ao tempo e ao espaço, enquanto as coisas sensíveis estão neles, a separação entre as formas e a matéria evidenciar-se-ia por essa distinção: as formas não pertencem ao tempo e ao espaço, enquanto as coisas sensíveis materiais, a eles pertencem. Este pensamento de Platão é propriamente da maturidade da sua concepção, quando já sofrera as influências pitagóricas. A interpretação inegavelmente capciosa, que Aristóteles fez da doutrina platônica, foi sem dúvida a causa de tantos erros nas futuras interpretações, pois indubitavelmente a personalidade do Estagirita influiu sobre os posteros. Aristóteles afanou-se por transformá-lo em dualista. Ademais admitia que ele apenas reconhecera duas das quatro causas estabelecidas, ou seja, a material e a formal, tendo ignorado a eficiente e a final. Que ele houvesse estabelecido a causa material e a formal não há dúvida. No entanto, que houvesse identificado o espaço com a matéria, como pretende Aristóteles, não procede.

Não há dúvida que no Timeu, a passagem 50 a 5. b 6 favorece essa interpretação, mas é preciso reconhecer que tem ela mais um caráter descritivo do que propriamente o intuito de definir a essência da matéria. Em nossos comentários aos outros diálogos de Platão, mostraremos que a causa final e a eficiente já haviam sido estabelecidas por Platão, como se observa no Fédon.

Na seqüência de nossos próximos comentários, revelaremos o que propriamente entendia ele por matéria. Quanto à pecha de dualista que lhe atribuíram, em *Lógica e Dialética* demonstramos a sua improcedência. Ademais, os estudos que Ross fez em sua obra citada, da página 234 a 245, mostram, de modo inequívoco, a improcedência da afirmativa aristotélica. Sabemos, contudo, que a obra platônica é um manancial de ilimitadas sugestões, e que, através dos tempos, será objeto ainda de muitos exames, pois não estão esgotadas todas as possibilidades de análise que ela oferece. Mas o que inegavelmente ficará para sempre estabelecido, é que Aristóteles procedeu capciosamente na interpretação do pensamento de seu antigo mestre, como também o fez em relação a outros filósofos.

A Humanitas

Logicamente, o sujeito não é o predicado, mas *tem* o predicado. João é homem, mas logicamente não é ele a *humanitas*, mas tem a *humanitas*. Nenhum ser finito *é* plenamente a sua forma, se é ele composto de matéria e forma.

Todo o ser composto de matéria e forma *tem* uma forma, não *é*, porém, a forma porque é composto de matéria e forma. Assim este vaso, não é a forma vaso, mas tem a forma do vaso. Assim dizemos que este homem não é a *humanitas*, mas tem a forma da *humanitas*. A preposição *de* é aqui de uma riqueza extraordinária, pois nos aponta que este ser tem a forma de isto ou aquilo, formalmente considerado. O ser, que é isto ou aquilo, tem a forma disto ou daquilo. A forma deste homem, João, é forma da *humanitas*, e esta, por sua vez, é uma forma. Assim a forma do individual repete a forma que naquela não se esgota, por não estar contida nele.

A forma, neste ser, está sujeito às mutações de corrupção, pois os seres, ao perderem a sua forma, corrompem-se. Mas tal se dá com a forma no ser, não a forma, porque se um ser determinado corrompe-se, por perder a sua forma, como, por exemplo, o álcool, que, na análise química do laboratório, torna-se outra espécie química de ser, a forma do álcool, este ou aquele, não se corrompe, mas sim o que *tinha* a forma *do* álcool.

Se um homem perece e o seu corpo se corrompe, e é já cadáver, tal não acontece com a forma da *humanitas*, pois esta continua sendo a *humanitas*.

As fórmulas químicas indicam as proporções de suas partes, embora tais expressões sejam meramente quantitativas e referentes apenas à emergência das coisas químicas.

Temos aí a lei de proporcionalidade intrínseca do corpo químico. É a sua fórmula (formazinha). E essa fórmula nos aponta a lei de proporcionalidade intrínseca daquele ser. Se o hidrogênio, o oxigênio, o carbono, etc. deste conjunto se combinam com outra proporcionalidade intrínseca, deixa de existir este (*hoc*) álcool, cuja forma concreta corrompeu-se, mas não a forma eidética, que é a lei de proporcionalidade intrínseca deste álcool. Esta corresponde ao *eidos* platônico. A fórmula química expressa apenas, no quantitativo emergente, a lei de proporcionalidade intrínseca do álcool metílico, por exemplo. Essa lei é invariante e imutável.

O exemplo, que damos, embora elementar, é suficiente para permitir-nos compreender o que entendia Platão por *eidos*.

Formas sem Subjetividades Representativas

Mas há formas que não têm uma matéria para representá-las subjetivamente. Assim a justiça, o equilíbrio, o movimento, a beleza, etc., não encontram seres que subjetivamente o sejam. Não está aqui a beleza. Este ser (*hoc*) não é a beleza, mas tem a beleza. Este ser participa da beleza, como dela participa aquele outro. Assim há seres humanos belos, coisas belas, manhãs belas, por que participam da beleza, sem serem a beleza, como um corpo branco participa da brancura sem ser a brancura.

Vê-se que há duas espécies de participação, aqui: a dos seres que participam da forma, *representando-a* subjetivamente, como o homem, com a *humanitas*, e a dos seres que participam em sua forma de uma forma, que não é subjetivamente representada, como a beleza, pois não há um ser finito que seja subjetivamente ela.

A participação é uma ordem de similitudes. Este ser, que é belo, assemelha-se à beleza.

Para Tomás de Aquino, a participação é uma ordem de similitude, porque participar, para uma forma, é ser em estado limitado o que uma outra forma é, ou num grau mais perfeito, ou num estado absoluto. Nesse sentido tomista, não há participação, por parte deste homem, da *humanitas*.

João, como homem, na verdade a *representa*, sem ser ela.

Mas, para Platão, há, porque este homem não é subjetivamente a forma da *humanitas*, mas do composto que tem a forma da *humanitas*. A posição platônica parece apenas lógica. Mas qual seria o seu fundamento ontológico?

Ora, se desaparecessem os homens, teria desaparecido a forma da *humanitas*? Se desaparecesse todo álcool metílico do universo, teria desaparecido, teria sido anulado, niilificado, o esquema eidético (a forma para Platão) do álcool metílico? E antes de surgir no universo o álcool metílico era a sua lei de proporcionalidade intrínseca, expressa no esquema eidético, que é a sua forma, um absoluto nada? Como poderia ter surgido o álcool metílico se fosse nada? Era um possível formal na ordem do ser. Mas esse possível formal tinha uma eficácia, pois, do contrário, não poder-se-ia manifestar jamais em modos de ser, pois o nada nada pode.

Mas dir-se-ia que são as possibilidades de combinações numéricas dos elementos componentes do álcool metílico, que permitem o surgimento de sua forma. Mas que sejam. Contudo, neste caso, é preciso admitir-se que a forma estaria na lei de proporcionalidade intrínseca do álcool metílico, que tais elementos químicos podem realizar ao se comporem. Ora, essa lei não é algo físico, nem algo subjetivamente existente aqui ou ali. E Platão sempre compreendeu que as formas não pertenciam a este mundo das coisas sensíveis e corpóreas, mas a um mundo de formas (um mundo eidético). Há, no ser, fonte e origem de todas as coisas, de onde todas as coisas surgem, o poder de realizar o álcool metílico, o poder de ordenar diversos seres numa proporcionalidade intrínseca esta, e que não é aquela, que constitui a do álcool metílico.

A Forma Platônica

Temos aí a forma platônica. E esta não está aqui nem ali, mas na ordem do ser. E sempre que seres, em suas combinações, imitam a estrutura de sua proporcionalidade intrínseca, surge o álcool metílico, desde que as condições externas não lhe sejam adversas.

Assim o equilíbrio tem uma forma, e todos os seres, que repetem a lei de proporcionalidade intrínseca do equilíbrio, tem o equilíbrio, e assim a justiça, e assim a beleza, e assim de tudo quanto não encontramos um representante subjetivo, que o seja aqui e agora, mas que o repete.

A essência de um ser é a forma, que ele subjetivamente realiza. Assim a essência do homem é a forma que ele subjetivamente (matéria) realiza aqui e agora. A essência humana, portanto, é matéria e forma. E Aristóteles, quando diz que o homem é um animal (corpo, matéria) racional (a *rationalitas* é a forma), nada mais diz senão o que já estava implícito no platonismo. E como não há meio termo entre ser e nada, a forma eidética não pode ser nada; é, portanto, um ser. Mas não é um ser físico, um ser sensível, mas um ser eidético.

E quando Platão afirma que é o *eidos* que é real, e que o mundo sensível é apenas o mundo da aparência, o mundo que aparece aos nossos sentidos, afirma ele que o que dá realidade de ser isto ou aquilo ao ente é a forma, que ele imita, pois, não é a forma de álcool metílico que dá realidade a este (*hoc*) álcool metílico? Pois se este conjunto de hidrogênio, oxigênio, etc. não tivesse a forma do álcool metílico seria álcool metílico? O que lhe dá, portanto, realidade é a forma, a forma participada, a forma que a disposição proporcional do hidrogênio e do oxigênio e do carbono imitam.

Participar é Receber

Portanto, participar, no platonismo, é *receber*, mas não se inclua nesse conceito a dualidade entre o sujeito que recebe, e o recebido. Não há composição da matéria com a forma eidética. A matéria não a recebe, mas a matéria é disposta de modo a formar uma proporcionalidade intrínseca, que é esta coisa e não aquela. E é através dessa proporcionalidade intrínseca, que é ora isto, ora aquilo. A matéria é, assim, a potência para receber formas, como o mostramos em *Filosofia Concreta*, o que ainda está contido no genuíno pensamento platônico. É por isso que a matéria é a Díada indefinida do Grande (adição) e do Pequeno (diminuição), pois ela permite compor, juntar, unir partes diferentes e separar.

Ora, a forma eidética (*eidos*) não é da matéria, como vimos, e, por não ser dela, é dela separada, e, daí, a afirmação platônica de que as formas (*eide*) são separadas. Eis por que as formas separadas são causas da geração e da existência das coisas naturais, porque a matéria participa, de certo modo, das formas separadas, e por participar delas a nossa mente, de certo modo são elas causa do nosso conhecimento, pois a participação das formas separadas pela nossa alma é a ciência (Arist. Física, 247 de 10 em diante).

Como, para Platão, a matéria tinha um *topos* (lugar), e como as *eide* (formas) são separadas da matéria, não são matéria. Essas e os números não tem topicidade, não ocupam um lugar, e pertencem a um mundo que não é temporal, pois há tempo onde há movimento, e há movimento onde há matéria.

E não pertencendo a forma ao mundo da matéria, a que vemos na matéria é apenas uma cópia *material* do que é *formal*. O tempo copia a eternidade e a matéria copia as formas (*eide*). E como aquela é imperfeita, e tanto o é que precisa da forma para ser isto ou aquilo, sua cópia é apenas uma similitude da forma, proporcionadamente ao que é, matéria, portanto imperfeita. A forma, *na* matéria, é apenas uma similitude da forma eidética.

Mas, como pode a matéria copiar a forma? Ora, a forma é ser, e a matéria também o é. A aptidão da matéria em ser cópia desta ou daquela forma lhe é dada pelo ser que ela é. O nada absolutamente não poderia copiar, porque não é. Mas a matéria, porque *é*, pode copiar o que é. Mas copia, proporcionadamente à realidade que é.

Colocado o platonismo desta maneira, vê-se perfeitamente que é uma filosofia coerente, e os absurdos apontados por seus adversários surgiram apenas da má compreensão de suas teses. A deficiência não estava na doutrina do divino autor dos diálogos, mas na compreensão de seus opositores[24].

---

24. Ainda não esgotamos o tema da participação com estas palavras. Oportunamente iremos mostrar que as afirmativas mais seguras de Aristóteles e de Tomás de Aquino são precisamente aquelas que estão implícitas no pensamento de Platão.

O Argumento do Terceiro Homem

Neste trecho do diálogo, estamos em face do argumento chamado "terceiro homem". Os objetos grandes são grandes porque participam da grandeza. Mas juntando-se todos os objetos grandes mais a grandeza, tudo isso, que é grandeza, assemelha-se ou participa de uma outra forma da grandeza, que inclui a primeira e os objetos grandes. E se juntarmos este e mais as duas grandezas, participam eles de uma outra forma da grandeza, maior ainda que as anteriores, e assim ao infinito. O mesmo se daria com os homens que participam da humanidade, mas aqueles juntos a estas, participam de outra humanidade, e, assim, sucessivamente.

Este "argumento do terceiro homem" foi esgrimido contra Platão, e deste era conhecido. O intuito é mostrar que não há uma "única" forma, mas muitas, infinitas até. Na nota de Chambry, está uma resposta ao argumento, que embaraçou a Sócrates, que retrucou apenas com um "parece". Mais adiante, Sócrates, procurará outra solução, que examinaremos.

Contudo, é evidente o sofisma de Parmênides, pois a conjunção dessa multiplicidade é feita noeticamente (no espírito humano). A forma da grandeza não é da mesma natureza que as coisas grandes e, portanto, a sua reunião não acrescentaria nenhuma grandeza maior, como ele pretende, por considerar fisicamente a forma, o que aliás é o esquema sempre presente em suas críticas. A natureza das formas é meramente eidética e ideal, sem dependência dos esquemas noéticos.

O idealismo platônico é realismo, e não mero representativismo psicológico. O nosso espírito (*nous*) participa das formas, e essa participação manifesta-se na inteligibilidade de onde decorre a ciência. O esquema eidético-noético, que o nosso espírito constrói, analoga-se com o eidético da forma, mas não se identifica com este, pois é ele da nossa temporalidade e finitude, enquanto aquele é da eternidade. Tal não implica, porém, que não haja uma correspondência entre o esquema eidético-noético e o eidético na ordem do ser (ontológico).

Parmênides confunde a ordem noológica com a ontológica. No intelecto do homem, está a carne e o osso, não (*haec*) esta carne nem este (*hoc*) osso. Há, no que o intelecto abstrai, uma correspondência com o que é abstrato, segundo o ser (*secundum esse*). Essa a razão por que só a mente humana poderia penetrar no mundo das sombras (metáfora constantemente usada por Platão para expressar as coisas participantes), para alcançar o mundo eidético. Nossa mente tem uma aptidão e uma correspondência que lhe permite alcançar o mundo eidético, proporcionadamente à sua limitação e natureza. Daí não se conclui que tudo quanto a mente é capaz de abstrair, todos os conceitos, que é capaz de construir, sejam correspondentes a realidades eidéticas, mas apenas o são aqueles retamente construídos. Analisaremos mais adiante este tema de magna importância para a boa compreensão do pensamento platônico.

PARMÊNIDES

(Continuação)

— Mas talvez, Parmênides, replicou Sócrates, cada uma dessas formas não sejam mais que um pensamento, e ter-se-iam elas formado apenas no espírito. Neste caso, cada forma seria uma e não seria mais exposta às conseqüências que acabas de expor.

D — Então cada pensamento seria um, mas pensamento de nada!
— Mas é impossível, disse ele.
— Então pensamento de alguma coisa?
— Sim
— Que é, ou que não é?
— Que é.
— Não é o objeto desse pensamento alguma coisa que é um, e que este pensamento pensa como presente a toda uma série de coisas, sendo uma idéia única?
— Sim.
— Mas um pensamento assim, sendo um e sempre o mesmo em todas coisas, não seria uma forma?
— Isso também é evidentemente necessário.

— Mas, então, disse Parmênides, se as outras coisas participam necessariamente das formas, como dizes, não és forçado a crer, ou que tudo é feito de pensamento, e que tudo pensa, ou que tudo, embora pensamento, não pensa?

D —Isso não se pode sustentar, disse Sócrates. Mas eis aqui, Parmênides, o que penso: essas formas existem na natureza como modelos; as outras coisas assemelham-se a elas e são imitações, e essa participação das coisas às formas não é outra coisa que a semelhança de umas às outras.

— Sim, então, replicou Parmênides, se uma coisa assemelha-se à forma, é possível que essa forma não seja semelhante à sua cópia, na medida que essa se lhe assemelhe, ou há algum meio de fazer que o semelhante não seja semelhante ao semelhante?

— Não há nenhum.

— Não é, portanto, necessário que o semelhante participe da mesma e única forma que seu semelhante?

— Absolutamente necessário.

— Mas, o pelo qual os semelhantes são semelhantes, pelo fato de tal participarem, não será a própria forma?

— Certamente.

— É, portanto, impossível que uma coisa se assemelhe à forma,
133 A ou que a forma se assemelhe a uma outra coisa. Senão, além da forma, aparecerá uma outra forma e, se essa se assemelha a alguma coisa, uma outra ainda, e nunca uma nova forma cessaria de surgir, já que a forma se torna semelhante àquilo que participa dela.

— Nada de mais verdadeiro que o que dizes.

— Não é, portanto, pela semelhança que os semelhantes participam das formas. É preciso procurar um outro modo de participação[25]

— Parece.

— Vês, então, Sócrates, conclui Parmênides, em que dificuldades nos metemos, quando se toma à parte, sob o nome de formas, as realidades subsistentes em si.

— Sim, em grandes dificuldades, sem dúvida.

---

25. A mesma forma seria tanto paradigma como imagem. (Arist. Met. 991 a, 31). (Diès).

COMENTÁRIOS

Os problemas, que foram apresentados nos comentários acima, ainda exigem uma resposta, pois precisamos ver como Platão os solucionava, não só no que é explícito em sua obra, mas também no que nela é implícito, que podemos captar graças aos métodos dialéticos que dispomos.

A autonomia das formas platônicas é mantida pelo Ser Supremo. Admitindo-as como substâncias separadas, não lhes nega uma *certa* dependência em relação ao princípio Supremo do Um. Partindo dele, é mister explicar como se dá o múltiplo. E se consideramos que a bondade é a característica do Um, é mister explicar a existência das realidades imperfeitas e do mal.

Sendo as formas alguma coisa e não nada, como vimos, cuja natureza não é material, são elas subsistentes e separadas da matéria. Mas, como tais, são elas a realidade, porque é imitando-as, ou delas participando, que as coisas são isto ou aquilo; tem uma realidade. A realidade, que há no mundo que aparece, no mundo fenomênico, é proporcional à participação das coisas às formas, o que já mostramos no comentário anterior.

A Subsistência das Formas

Resta-nos saber se as formas são subsistentes de per si, já que não pode haver dúvida que são subsistentes. A subsistência de per si pode ser distinguida em *absoluta* (*simpliciter*) e *relativa*. Este livro, que está sobre a mesa, é subsistente de per si relativamente, porque constitui uma unidade física, *fisicamente* separada dos outros corpos. Não é, porém, um ser que tenha em si a sua própria razão de ser, um ser independente, pois é um fato (um feito, de *efectum*), um ser fatorado por outros, e que subsiste na ordem do ser. Só o Ser Supremo, que não é fatorado, e subsistente por si mesmo, como o provamos apoditicamente em *Filosofia Concreta*, é subsistente de per si *simpliciter*, absolutamente.

Qual das duas subsistências poderíamos predicar às formas. É mister ainda distinguir o ser subsistente em outro, como um acidente, que é um *inesse*, pois não constitui uma substância, na linguagem aristotélica, enquanto este livro é uma substância. As formas não são acidentes de uma substância, o que passaremos a provar.

As formas, sendo subsistentes, só o podem ser: ou de per si absolutamente, ou de per si relativamente, ou em outro. Se de per si absolutamente, seriam elas seres outros que o Ser Supremo, substâncias infinitas de per si subsistentes e independentes, princípios do ser, e estaríamos imerso no pluralismo, que não é uma posição platônica e que demonstramos, apodicamente, ser absurdo, no livro que há pouco citamos. Seriam elas de per si relativamente, isto é, seriam substâncias, mas imersas na ordem do ser, substâncias imateriais, separadas no mundo cronotópico.

A Infinitude das Formas

Ora, para Platão tais formas são infinitas. Mas impõe-se distinguir claramente a que infinitude quer ele referir-se. Não é a infinitude do Ser Supremo, pois cairíamos no pluralismo; portanto é de outra infinitude, a qual nos cabe distinguir. Em *Filosofia Concreta*, mostramos que há infinitudes específicas, e as formas, como espécies que são (tomadas aqui no genuíno sentido de *eidos, species*, no latim), não são finitas com a finitude dos seres cronotópicos. Elas são eternas, imutáveis, diz Platão.

A eternidade das formas é revelada porque, enquanto tais, não têm elas um princípio, um termo de início no ser, pois foram sempre, pois, do contrário, teriam vindo do nada. Se algo pode copiar (imitar, ou participar das formas) é porque estas existiram sempre com o Ser Supremo, o qual, como o provamos, é eterno. São elas eternas até quando não há nenhum ser finito que delas participe. São imutáveis, porque não conhecem corrupção nem se transformam em outras, pois se tal se desse, deixariam de ser o que eram, para não serem mais, pois a nova forma, que surge da transformação, é outra que principiaria a ser, no precípuo momento que começaria a ser. Neste caso, as formas, tanto a primeira como a segunda, não seriam eternas. Portanto, são imutáveis porque são eternas.

A Imutabilidade

Mas é preciso entender claramente o que é imutabilidade. Nós conhecemos, da nossa experiência, a mutabilidade. As coisas finitas sofrem mutações várias, estudadas pelos filósofos anteriores a Platão, cujo exame foi prosseguido depois, com grande mérito, por Aristóteles. A mutabilidade das coisas finitas permite-nos compreender a imutabilidade, e esta, naquelas, seria a manutenção, a perduração constante e intérmina de seu modo de ser. Tal imutabilidade só se dá relativamente.

Ora, provamos que o Ser Supremo como criador é imutável, pois não se muda ele em outro, já que, se tal se desse, mudar-se-ia em nada, pois o ser, que muda em outro modo de ser, enquanto ser, é imutável, não enquanto é isto ou aquilo. Como no Ser Supremo, essência e existência se identificam, não há nele mutabilidade, como o demonstramos de modo necessário[26].

Já vimos que é improcedente a mutabilidade das formas. Como se compreenderia, então, a sua imutabilidade? Esta decorre da imutabilidade do Ser Supremo. E como as formas eidéticas não são cronotópicas, a sua imutabilidade não é a que poderíamos imaginar para um ser físico, pois a razão, o *logos* da forma, é imutável. A justiça é sempre justiça, o equilíbrio sempre equilíbrio, o amor sempre amor. E, ademais, apenas justiça, apenas equilíbrio, apenas amor, etc.

Ora, a justiça, o equilíbrio e o amor não se dão fora do ser, mas no ser.

Demonstramos, em comentários anteriores, que nenhum ser participante tem toda a perfeição da forma participada, pois, se tal se desse, ambos se identificariam e seriam um só: a própria forma. Como os seres materiais imitam as formas, sua imitação é proporcionada ao imitante, pois toda imitação lhe é proporcionada. E como a matéria é um ser deficiente, sua imitação é deficiente.

A subsistência das formas, portanto, está explicada. Não é absolutamente de per si, e não é fatorada, pois a forma não é um fato (feito), pois ela não nasce num momento; é ela eterna com a eternidade do Ser Supremo. Sua dependência, portanto, não é a de um ser finito, cujo ser começa a ser, mas sim a dependência ontológica de um ser, que é de toda eternidade, *do* Ser Supremo.

As Formas e o Ser Supremo

Esta é a razão porque falamos acima de "certa dependência". As formas são, assim, formas no Ser Supremo. E quando Tomás de Aquino as vai considerar como pensamentos de Deus, tal concepção já estava implícita na concepção platônica.

---

26. Sempre que nos referirmos, daqui por diante, a demonstrações apodíticas, ou seja, através de juízos necessariamente válidos, queremos nos referir ao nosso livro Filosofia Concreta.

A participação dos seres finitos dá-se através de uma *comunicação da natureza*. A natureza de uma coisa é o *syntheton*, o conjunto da sua materialidade e da sua *forma in re*, na coisa. Assim, na natureza humana é a animalidade e a racionalidade, tomada em sua essência. Neste caso, natureza é a essência de um ser, considerada em sua classificação de substância primeira, a materialidade, e de sua substância segunda, a formalidade, para permanecermos dentro do pensamento aristotélico. Mas o ser este ou aquele inclui ainda tudo quanto o compõe, e que não é incluso na essência, mas, sim, na forma singular deste ser (*hoc*). É verdade que ora notamos em Platão a distinção entre essência e materialidade, ora ambas estão inclusas numa só forma. Mas essas divergências são mais aparentes que reais, como o mostraremos ao comentar as diversas passagens em que elas surgem. Na verdade, Platão considerava essência do ser da matéria que participa de uma forma. Assim não é a forma, tomada abstratamente, que é a sua natureza, mas o conjunto que constitui a sua "realidade", pois, sem essa participação a uma forma, seria um ser indeterminado e informe.

Os seres finitos não provêm do nada, mas do Ser. E como a bondade é difusiva (difunde-se), também o ser é difusivo. Platão não aceitava intercalações de nada entre os seres, mas, sim, que este ser é (*hoc*), porque participa desta forma, mas dentro do ser, e os limites que o separam são dados pela forma. Portanto, qualquer ser finito é algo que surge da difusão do ser, do exercício do ser, de onde ele *emana*.

O Tema da Emanação

Surge, aqui, um tema de amplas possibilidades, e que serviu, durante muito tempo, para as mais extraordinárias investigações na filosofia, que é o tema da *emanação*.

Dizia Santo Agostinho que "todo corpo é verdadeiro corpo, e falsa unidade, porque imita a unidade, e não é a unidade." Como resolver, portanto, partindo da emanação, que haja seres imperfeitos. Se o Ser Supremo é eterno, como dele provém a temporalidade? Se é bom, de onde provém o mal? Os platônicos buscavam resolver essas dificuldades seguindo várias providências. Partiam da conciliação do Um-Bem e do múltiplo, já implícito no pensamento de Platão. Havia dois caminhos a seguir: ou se recusava admitir que Deus fosse o autor desse universo corruptível, ou, então, tomando outro rumo, a fim de solucionar o problema, suprimia-se um dos dados, procurando-se demonstrar que o universo atual é o melhor dos universos possíveis. E como o melhor não pode surgir senão do melhor, é claro que um tal universo só poderia surgir do Soberano Bem.

Para completar a primeira solução, admitir-se-ia uma série de seres intermediários criadores, que seriam os responsáveis pela multiplicidade e pela deficiência, solução que é rejeitada, como vimos, pela *Filosofia Concreta*, e que também não é platônica, como o provamos em nossos trabalhos e comentários. Ou, então, é a matéria a fonte da imperfeição, a qual tem um papel independente da ação divina.

A solução de Dionísio Areopagita é de que todos os seres recebem o influxo divino, mas recebem-no proporcionadamente ao seu ser. Portanto, como o continente não pode conter além da sua natureza, o que contém lhe é proporcional. Mas não nos explica porque as criaturas são limitadas na recepção. Que haja diminuição na emanação divina é absurdo. Se este mundo é o melhor possível, levar-nos-ia a limitações do poder criador, pois lhe estaria defeso criar outro.

Há outros caminhos a seguir. Tomás de Aquino, por exemplo, ao examinar essas posições neo-platônicas, pergunta: mas são um mal toda multiplicidade e diversidade? Não são elas *necessárias*? Como haver multiplicidade sem desigualdade? Há algo positivo nesses pensamentos. Mas é preciso não esquecer que essa desigualdade é um elemento de beleza e de ordem. A solução que apresenta é *emanatista*, mas em termos que precisam ser esclarecidos. Deus cria o mundo, não o engendra, porém. Estamos ante um mistério, que não cabe ao homem desvendar. Mas é preciso jamais esquecer que a criatura (criada) não é o fim do universo.

Demonstramos em *Filosofia Concreta* como se dá a criação, e para lá remetemos o leitor. Mas é a solução platônica que nos interessa, a qual precisamos especificar. Como é possível alcançá-la, senão depois de havermos demonstrado o que não é propriamente platônico? Eis a razão pela qual precisamos prolongar-nos nas análises em torno da participação, para que nos seja possível alcançar o seu verdadeiro sentido, que é objeto de nossos comentários e da finalidade desta obra.

As Substâncias Separadas

Costuma-se dizer que Platão considerava as formas que estão nas coisas como protótipos imutáveis dos seres do mundo sensível. O texto, que iremos analisar, parece, através das palavras de Sócrates, induzir tal interpretação. Mas é preciso jamais esquecer que Sócrates é, aqui, jovem, e ainda não atingiu a maturidade de seu pensamento, e Platão não desejou mostrar outra coisa. Mais adiante, quando nos referirmos a essa passagem, comentaremos este ponto. Mas é mister que se mostre que não são as formas platônicas, eideticamente consideradas, produtos de uma esquematização da nossa imaginação, criação nossa.

O sensível é uma *reprodução fraca* das formas; estas, por sua vez, participam do Um-Bem. Há, assim, duas espécies de participação. A primeira, Aristóteles explica-a pela sua concepção hilemórfica da matéria-forma; e segunda, não lhe mereceu melhor atenção, porque não admitia a subsistência das formas, como substâncias separadas. Esta segunda espécie foi motivo de estudos de Tomás de Aquino, os quais são preciosos para a nítida compreensão do pensamento platônico e neles teremos de nos demorar oportunamente.

Mostramos que a participação platônica não é por composição, como muitos e conspícuos filósofos o afirmam. Por outro lado, apontamos as bases em que ela se apoia. Resta-nos demonstrar oportunamente, com maior cópia de provas, o que temos afirmado, e é o que desejamos fazer.

A composição forma-matéria, que se dá *in re*, não é o resultado de uma recepção da forma eidética na coisa. Esta não é contida na matéria. A forma, que há na matéria, é uma forma *in re*, concreta na coisa, não aquela. A forma, na coisa é a sua lei de proporcionalidade intrínseca, que imita aquela outra, que permanece separada das coisas.

A Criação

O tema dessa participação implica o da criação. É comum, para resolver-se tal problema, afirmar que, para Platão, a matéria antecede à criação, pois a declara anterior às coisas. Mas a matéria tem de ser de certo modo anterior às coisas materiais, pois estas são compostas dela e da forma. A matéria não é um outro ser independente do Ser Supremo, como pretendem aqueles que tentam tornar Platão dualista. Não há dois princípios eternos do ser para ele. A matéria surge no precípuo momento em que surgem os seres criados, embora ontologicamente os anteceda, não cronologicamente.

Em *Filosofia Concreta*, mostramos que fazer alguma coisa corresponde ao alguma coisa que é feito. O poder criador do Ser Supremo implica o possível de ser criado. Criar implica o que é criatura (criado). Dar o ser, implica o que recebe o ser. Tais conceitos são separados pela nossa mente, pela nossa razão, que é abstratora, mas constituem eles uma concreção. Mostramos, naquela obra, como se dá a criação. Ao infinito poder ativo do Ser Supremo corresponde a infinitude potencial de receber determinações. Ao poder infinito de criar, a determinabilidade sem fim, infinita potencialmente, de ser criado. A matéria não antecede ou é contemporânea ao Ser Supremo, porque não há aí contemporaneidade, pois é ele eterno. A matéria é contemporânea à criação. O fazer implica o ser feito. O ser feito implica a determinabilidade. O determinante, para determinar, implica o determinável, que é determinado. A matéria é *outro* nesse sentido; é *outro* que a determinação, mas inseparável desta, embora distinta. Era assim que Platão entendia, pois não era ele dualista, e o ser da matéria era dado pelo Ser Supremo, e não algo que estivesse fora dele, dele independente. É um ser dele dependente, e criado por ele simultaneamente na criação, como o mostramos e demonstramos.

Não há, na criação, uma violência exercida sobre um ser. Criar não é modelar a matéria, dando-lhe uma forma. Criar é determinar o determinável, inseparáveis ambos: criar é produzir, num só ato, o determinante e o determinável, pois o determinante implica, automaticamente, o determinável. O poder fazer algo implica o poder ser feito, o poder determinar implica o poder ser determinado. A criação é, assim, dual neste sentido, como o mostramos. E como pode ser mais e pode ser menos, a determinabilidade é máxima e é mínima. Há, nela, um máximo e um mínimo. A determinabilidade, portanto, "compõe-se" do Grande e do Pequeno, do Máximo e do Mínimo. Esta é a razão porque Platão falava da díada indeterminada da matéria. Essa díada é a sua máxima determinabilidade, e a sua mínima.

Participação por Semelhança

Cremos ter assim suficientemente esclarecido vários pontos do pensamento platônico e, nos comentários a seguir, teremos ocasião de esclarecer ainda outros, para que o seu pensamento nos surja em toda a sua magnificência e verdade, sem as caricaturas que sofreu no decorrer dos tempos.

Já temos alguns pontos seguros, por onde poderemos nos dirigir para o estudo do platonismo. Em primeiro lugar, que a participação não é a de composição. Resta-nos a participação por similitude (por semelhança), sobre a qual tecemos alguns comentários e expusemos as principais razões a favor. É verdade que a maioria dos críticos de Platão tendem a afirmar que a primeira é a sua típica posição, como o faz Aristóteles e Tomás de Aquino, ao seguir aquele, fundando-se este apenas nos poucos textos que conhecia, e muito na autoridade do estagirita.

É verdade que Aristóteles fundava-se mais nas doutrinas expostas pelos platônicos, que na do mestre; e Tomás de Aquino, mais nos neo-platônicos. Mas trata-se de fazer esplender em sua pureza o pensamento do mestre, e não que já sofreu influências de discípulos e seguidores, que são, na maior parte das vezes, culpados das muitas incompreensões e, sobretudo, dos desvios que sofre uma doutrina.

Poder-se-ia dizer que, em Aristóteles, os gêneros e as espécies e os principais conceitos, que usa para construir a sua filosofia, nada mais são que as formas platônicas, pois aqueles conceitos acabam por se verem transformados em elementos puramente formais. Há, sem dúvida, muito de verdade nessa afirmação, pois é tema que merece estudos especiais, o qual consistiria em marcar as influências platônicas em Aristóteles, e estamos certos que um estudo bem orientado, neste sentido, levar-nos-ia a afirmar, o que já o fazemos agora sem receio, que Aristóteles é mais platônico que aristotélico. E dizemos aristotélico, querendo nos referir às interpretações que se devem mais aos seus discípulos, que, naturalmente, exageraram muito o pensamento do mestre, a ponto de torná-lo estratificado de tal modo, que provocou, no Renascimento sobretudo, uma luta desenfreada contra a sua doutrina, motivada pelos excessos de seus defensores e pela incompreensão de seus adversários. Inegavelmente, nos dias de hoje, retorna-se com outro cuidado e com outra base ao estudo, não do "aristotelismo", que é maneira viciosa de compreender a sua filosofia, mas de Aristóteles em sua pureza doutrinária, trabalho este que ainda não deu todos os seus frutos, embora ofereça muitos e preciosos.

De nossa parte, na publicação das obras de Aristóteles, com os comentários que lhes apomos, daremos a nossa contribuição neste sentido, sempre dirigidos a cumprir o que é de nossa orientação: a apresentação honesta do pensamento ontologicamente coordenado, dentro dos cânones da filosofia concreta, da obra de um pensador, complementando-a com o que se deve aportar, desde que coerente com o seu pensamento, mesmo naqueles instantes em que o filósofo sofre um desfalecimento e trai a sua própria concepção. Essa nossa atitude é, assim, um tanto ética na filosofia: expomos o pensamento como deveria ser, dentro dos postulados fundamentais do autor, completando os pontos deficientes, esclarecendo os obscuros, e apresentando razões onde não há bastantes para a defesa dos postulados.

Problemática do Um e do Múltiplo

A doutrina da participação surge da dificuldade de resolver o problema do Um e do Múltiplo. Que é o Um, que é o múltiplo? No decorrer da segunda parte deste diálogo, notamos como Parmênides se esforça em explicar ambos conceitos, e em procurar a solução que resolva a famosa oposição. Na parte final, após termos comentado e criticado todos os argumentos de Parmênides e as aporias em que ele se coloca, estamos, então, aptos a buscar a solução que Platão ofereceria e, também, a dada por Aristóteles e as posteriores, que, na filosofia medieval, foram tão importantes e que ainda influem vivamente nas discussões modernas.

Tal não impede, e ao contrário exige que, no decorrer deste diálogo, reunamos aqui tudo quanto é fundamental e imprescindível para a boa compreensão de tema de tal valor.

Se Platão e Aristóteles se distinguem pela maneira de considerar as formas, há, contudo, em certos pontos, aspectos que se encontram. A realidade sensível é secundária para Platão, é o mundo das "sombras', e é o mundo das formas que dá àquele sua força e validez. Já, para Aristóteles, a realidade parte do mundo sensível, e a mente humana abstrai as formas que *estão na* matéria. Estas, quando abstraídas, são esquemas mentais. No entanto, a ciência de Aristóteles vai fundar-se no abstrato e no universal, e não no singular. Compreendeu muito bem essa divergência Tomás de Aquino que, em sua doutrina da participação, procura a fórmula que salve o que há de positivo em ambas posições, o que aliás consegue com rara felicidade, mas tendendo, e isto é importante, mais para a solução platônica que para a aristotélica. Neste sentido, Tomás de Aquino é muito mais platônico que aristotélico, repetimos. Sabemos que esta nossa afirmativa parecerá peregrina e infundada, mas há tempo, no decorrer do exame dos diálogos, para justificá-la.

A síntese feita entre ambos cabe a Tomás de Aquino, não como compilador de uma filosofia platônico-aristotélica, mas como criador de uma concepção que apanha o que há de positivo em ambos, e reduz a uma construção solidamente erigida, formando uma nova unidade.

Mas é nesse ponto, sobretudo nele, onde a melhor parte cabe à posição de Platão. Se Tomás de Aquino não desmerece o mundo das coisas sensíveis, e dá-lhe valor de realidade, aparentemente afastando-se, aqui, de Platão, e aproximando-se de Aristóteles, aceita um realismo moderado das formas, aproximando-se de Platão e afastando-se de Aristóteles.

Mas restar-nos-ia fazer um exame: teria Platão negado realidade ao mundo sensível? Como este mundo está em constante mutação (e há aqui a influência do pensamento de Heráclito), não é ele um mundo que existe sempre, um mundo realmente existente (*ontôs dè oudépote on*), ou mais ao pé da letra: "um ser sempre sendo", pois *ontôs* é particípio presente de *eimi*, verbo ser. Portanto, o mundo das coisas sensíveis não é "um mundo sempre sendo", pois é um mundo de mutações. Tal não lhe nega realidade, mas apenas a que tem não é a das formas imutáveis. É o que se depreende da leitura de *Timeu* 28 a., o que vem em abono da nossa tese de que Platão não reduzia ao nada da aparência, mas apenas a um modo ser fluente, portanto, ainda, a um ser. Este mundo é um mundo "que nasce e morre e não um ser sempre sendo".

Realidade do Mundo Sensível

Platão não negou realidade ao mundo sensível, negou-lhe a realidade das formas imutáveis, porque aquele é o mundo da mutabilidade. Demonstrada essa nossa afirmativa, a contribuição platônica cresce ainda mais no pensamento de Tomás de Aquino. Platão não colocava o mundo sensível fora do ser, mas nele. Se desmerecia a realidade do mundo sensível, fazia-o em relação ao mundo das formas eternas. É comum dizer-se que ele negasse existência ao mundo exterior, mas tal afirmativa padece de verdade. Bastaria a leitura de seus diálogos para se ver que não o reduz a um nada *extra mentis humanae*. Apenas que este mundo é uma cópia, mas a cópia não está desprovida de realidade. Na cosmogonia, exposta em *Timeu*, a afirmação da sua realidade é manifesta. Leiam-se as passagens de 30 a em diante e, sobretudo, em 34 b, onde ele diz: "em virtude desse cálculo (Deus) fez dele (mundo) um corpo polido, em toda parte homogêneo, igual em todas as partes, desde o seu centro, um corpo completo, perfeito, composto de corpos perfeitos". Esse mundo não continha desde início todos os viventes (Timeu 39 d), que nasceriam depois à semelhança dos modelos. O mundo sensível de Platão não é uma projeção da mente humana, como pretendem fazer aqueles que o transformam num *frágil idealista*, pois se o leram não assimilaram devidamente a sua doutrina.

Não é o mundo sensível um simples reflexo, mas uma realidade que reflete, embora imperfeitamente, a realidade das formas imutáveis. O mundo sensível é o mundo dos nossos sentidos, enquanto sensível, mas o mundo exterior é independente e autônomo a eles, independente da nossa representação e autônoma à nossa vontade. É o mundo exterior, o mundo das multiplicidades, um reflexo do Absoluto, uma imitação móvel do eterno, pois está imerso no tempo. É tão real como nós mesmos. Mas como a nossa realidade é uma realidade dependente, também é a realidade do mundo, a qual não é dependente de nós, mas, sim, do Absoluto, como nós também o somos.

A Semelhança Deficiente

Se desconhecemos como a criatura participa do Ser Supremo e Absoluto, sabemos, contudo, que se ela é, dele participa. É uma semelhança deficiente (*deficiens similitudo*). Em *Filosofia Concreta*, expusemos o papel dessa participação, e podemos afirmar que ela corresponde perfeitamente ao pensamento platônico, quando levado com rigor ontológico e dialético, no sentido que se deveu entender a dialética. A contribuição de Tomás de Aquino, para resolver tão importante problema, é mais platônica que aristotélica. A participação dá-se pela comunicação da semelhança, pela difusão da semelhança. Se partimos das coisas sensíveis, alcançamos a infinitude da perfeição. Mas se partimos do Ser Supremo, para compreender as coisas sensíveis, não partimos de um conhecimento frontal daquele, que não temos, mas de um conhecimento noético-ontológico, como o expusemos em *Filosofia Concreta*. O que existe aqui e agora é uma *imitatio*, e o efeito da imitação é necessariamente a similitude. Mas esta se dá quididativamente. Todos os entes procedem do Ser Supremo, (e este é também um pensamento platônico), mas não se identificam com ele, pois imitam por semelhança. Por isso o que procede dele é necessariamente menos perfeito que ele, e como há diversidade entre os seres finitos, (as criaturas), há graus de perfeição. Se a criação implica graus, há um *assensus* e um *descensus*, uma hierarquia nos seres. Não se dá a participação pela posse de uma mesma forma, mas por uma imitação (positividade do pensamento pitagórico, que influi no platônico), uma similitude por analogia, permanecendo, assim, o Ser Supremo, infinitamente acima das criaturas.

Colocando-se Aristóteles apenas na aceitação das realidades singulares, nega a presença autônoma das formas. Mas estas, em Platão, são ainda formalmente singulares, e as coisas singulares delas participam. Querendo fugir de Platão, cai na aceitação de uma forma comum, a qual as coisas têm em comum, que, eideticamente, teria de singularizar de certo modo.

Para Platão, há um *parentesco* entre todos os seres no Ser Supremo, e esta metáfora é suficiente, por ora, para indicar o porque da imitação, pois é, por fundar-se no Ser Perfeito a diversidade dos seres finitos, que estes *são*, pois o ser não lhes poderia ser dado pelo nada. Há uma comum semelhança deles com o Ser

Supremo, de onde procede tudo quanto é. Neste caso, os seres finitos, por mais deficientes que sejam, são ainda ser e não nada. E é a compreensão deste aspecto que nos permite captar que, na participação platônica, o imitante reproduz particularmente, de modo deficiente, o que pertence em plenitude a um outro. O imitante finito não alcança a perfeição do imitado, a forma absoluta e eterna.

* * *

No diálogo, Sócrates propõe que as formas sejam apenas um pensamento, tendo sua origem no espírito. Neste caso, as formas seriam meramente mentais. Julgava com isso salvar a sua unidade, mas não percebia que outras aporias o esperavam. Parmênides mostra que o pensamento seria um, mas pensamento de nada. E o era porque o conteúdo desse pensamento seria um, uma idéia única. E, por ser único, seria uma forma. Nesse caso, a essência da forma seria a unicidade, e ser sempre a mesma já que é uma. Sendo a forma pensamento, e participando todas as coisas das formas, tudo seria feito de pensamentos, e tudo pensaria. E como tudo é pensamento, não pensa.

Sócrates percebe a dificuldade em que se encontra. Busca outra solução: as formas existem na natureza como modelos. As coisas são imitações delas. E a participação destas às formas nada mais é que a semelhança de umas às outras. Propõe, assim, a participação por semelhança. Parmênides parece aceitar, mas acrescenta que poderia deixar de dar-se que as formas se assemelhassem à cópia, pois o semelhante tende para ser semelhante ao semelhante. Mas o que permite que os semelhantes se assemelhem é a forma, aponta Parmênides, o que Sócrates aceita. Então é impossível que uma se assemelhe a outra, porque se se assemelham o é por algo que ambas participam e, neste caso, será uma outra forma e, se com essa se der o mesmo em relação à coisa, e vice-versa, ambas se assemelharão por uma outra forma, e sempre uma nova forma surgiria, porque a forma seria semelhante ao que participa dela. Em suma, na forma haveria algo que é semelhante à coisa; na coisa, haveria algo que é semelhante à forma. Neste caso, tanto uma como outra, participariam desse semelhante, o qual seria uma nova forma. E cairíamos no "argumento do terceiro homem".

Consequentemente, conclui Parmênides por afirmar que a participação não se pode dar por semelhança. Ela não podia dar-se por composição, agora não pode dar-se por semelhança. É preciso procurar outra solução para ela.

É preciso, no entanto, esclarecer que a forma não se torna semelhante ao que participa dela. Na participação, o participado não participa do participante, este é que participa particularmente de uma perfeição que o participado tem ou é em grau máximo e mais perfeito. A forma não se assemelha às coisas que as copiam, e sim estas àquela. O que é semelhante é o que é copiado, imitado da forma, e não é esta, que copia e imita o imitante. O imitado não imita o imitante, mas sim este o imitado. O argumento de Parmênides é sofístico. E oportunamente, à proporção que invadamos melhor o tema da participação, surgirá, ainda, com maior clareza, o erro daqueles argumentos, que Sócrates não soube responder.

PARMÊNIDES

(Continuação)

— Ora, é preciso que saibas, continuou ele, e já se pode dizer que não captas ainda as dificuldades que surgem, se queres estabelecer uma forma uma e distinta para todas as classes de seres.
— Quais são elas, então? perguntou Sócrates.
— Há muitas, disse ele, mas a mais grave é esta. Poder-se-ia sustentar que, definidas como o pretendemos, as formas não são cognoscíveis. E convencer do seu erro o autor de tais afirmativas seria impossível, a não ser que esse contraditor não tenha muita experiência, e não seja bem dotado pela natureza, e que consinta seguir uma demonstração muito complexa e longa[27]; também não se poderia convencer aquele que negasse serem as formas cognoscíveis.
— Por que então, Parmênides? perguntou Sócrates.
— Porque imagino, Sócrates, que tu mesmo e todo aquele que admitir para cada coisa particular uma certa essência existente

---
27. Comparai com a "grande tarefa", o "longo circuito" de República 546 b, Fedro 273/4 (Diès).

em si, reconheces primeiramente que nenhuma dessas essências existem em nós.

— Com efeito, disse Sócrates, como poderia então ainda existir em si?

D — Dizes bem, replicou Parmênides. Assim todas aquelas formas, que são o que são por suas relações mútuas, têm o seu ser em suas relações umas com as outras. Não, porém, de suas relações que estão em nós, suas cópias, ou como as queiramos chamar. Dessas, por participar delas, tiramos os nomes particulares que construímos. Por outro lado, as coisas de nosso mundo, que tem o mesmo nome que as formas, existem por suas relações entre elas e não com as formas, e é delas, e não dessas formas, que dependem todas aquelas que são assim chamadas.

— Que queres dizer? perguntou Sócrates

E — Suponhamos, por exemplo, teria respondido Parmênides, que algum dentro nós seja o senhor ou o escravo de um outro. Este não é certamente escravo do senhor em si, da essência senhor, e, se é senhor, não é o senhor do escravo ou senhor. Quanto à senhoria em si, é por relação à escravatura em si, que ele é o que é, e também a escravatura em si é a escravatura da senhoria em si. Mas as realidades de nosso mundo não tem ação sobre as do alto, nem estas sobre nós. Repito: é delas que sobrevêm e é entre elas que mantêm relações essas realidades do alto, e as nossas realidades, as do nosso mundo, não tem relações senão entre si. Não compreendes o que eu digo?

— Compreendo perfeitamente, respondeu Sócrates.

134A — Portanto a ciência, replicou ele, a ciência em si, é também dessa verdade em si que ela será a ciência?

— Certamente.

— E também cada uma das ciências em si será a ciência de cada um dos seres em si, não é[28]?

— Sim.

---

28. Nada mais faz Platão aqui do que aplicar a teoria da relação: cf. República 438 c/c: "A ciência em si é ciência do objeto em si: tal ciência determinada, ciência do objeto determinado." (Diés)

[117]

B — E a ciência que está em nós não será a ciência da verdade que está em nós? E, em conseqüência, cada uma das ciências, que estão em nós, não será ela a ciência de cada uma das coisas que estão em nós?

— Necessariamente.

— Mas as formas em si, concordas, nem nós as possuímos nem é possível que estejam em nós.

— Não, com efeito.

— Mas não é pela forma em si da ciência que são conhecidos os gêneros em si?

— Sim.

— Ora, esta forma, não a possuímos.

— Não, com efeito.

— Então não conhecemos nenhuma das formas pois que não temos em nenhuma parte a ciência em si?

— Parece-me que não

C — Nós não podemos então conhecer o belo em si, nem o bem, nem tudo aquilo que admitimos como formas em si.

— É o de que receio.

— Mas, eis agora alguma coisa de mais grave ainda.

— Que é?

— Concordarás, presumo, que se há um gênero em si da ciência, é alguma coisa de muito mais exato que a nossa ciência, e o mesmo se dá quanto à beleza, e tudo mais?

— Sim.

— E, se outros seres participam da ciência em si, concordarás que é Deus, e nenhum outro, que possui a ciência mais exata?

— Necessariamente.

D — E agora, porque possui a ciência em si, Deus será capaz de conhecer as coisas de nosso mundo?

— Por que não?

— É que aceitamos, Sócrates, respondeu Parmênides, que as formas do alto não tem nenhuma ação sobre as coisas de nosso

mundo, nem as coisas de nosso mundo sobre elas; tanto umas como outras só têm ação entre si[29].
— Com efeito aceitamos.

E — Portanto, por possuir Deus o domínio mais perfeito em si e a ciência mais perfeita em si, nem seu domínio jamais nos dominará, nem sua ciência jamais nos conhecerá, nem nós, nem o que quer que seja de nosso mundo; mas, do mesmo modo que não dirigimos os deuses em virtude do poder que temos, e que não conhecemos nada do divino por nossa ciência, do mesmo modo e pela mesma razão, os deuses não são nossos senhores nem conhecem os negócios humanos, apesar de serem deuses.
— Mas, disse Sócrates, não é um raciocínio um pouco forte tirar de Deus o poder de conhecer?

135 A — Estas são contudo, Sócrates, replicou Parmênides, as conseqüências, e há ainda outras que estas, às quais as formas não podem escapar, se as formas dos seres existem, e se definimos cada forma como uma realidade absoluta. Essas asserções embaraçam, e se se duvida que tais formas existem, ou, se a rigor as admitimos, somos forçados a reconhecer que são incognoscíveis para a natureza humana. E aquele que fala assim pensa que fala com justeza e, como o dissemos há pouco, é singularmente difícil de se lhe fazer mudar de opinião. Só um homem dotado de muito poder de compreensão pode aceitar que há para cada coisa um gênero e uma existência em si, e a um homem, mais extraordinário ainda, poder descobrir tais verdades e ensiná-las aos outros, depois de tê-las submetido a uma análise exata e completa.

---

29. "Desde que presumimos a realidade inicial de nosso mundo do sentido fenomenal... o mundo ideal torna-se um segundo mundo, pretendendo a uma realidade superior, mas lamentavelmente incapaz de justificar suas pretensões, pois não pode estabelecer nenhuma conexão real entre ele e a realidade primitiva que quer controlar. Mas essa interpretação é falsa, quando a aplicamos ao pensamento de Platão, o qual jamais admitiu a realidade primitiva do nosso mundo fenomenal." Schiller, Études sur l'Humanisme (trad. Jankelevitch, pag. 79).
   Esta nota é de Diés, mas opõe-se ao verdadeiro pensamento platônico que não nega realidade ao mundo fenomenal. Só que essa realidade não é a mesma que a das formas. Ademais, se Sócrates não sabe responder, assim o quis Platão neste diálogo.

— Concordo, Parmênides, porque é exatamente o que penso.

— Mas, entretanto, replicou Parmênides, se, ao considerar tudo quanto acabamos de dizer e o que poderíamos dizer ainda, não se admitir que há formas de seres, e que se recusar conceder uma forma a cada um deles, não se saberá mais para onde dirigir o pensamento, porque não se quer que haja para cada um dos seres uma forma sempre idêntica, e que, por isso, destroi-se absolutamente a possibilidade de discutir. Eis o perigo, parece-me, que tu logo percebestes.

— É verdade o que dizes, apoiou Sócrates.

— Então, que vais fazer em matéria de filosofia? Para que lado penderás, na ignorância que estás dessas coisas?

— É o que não vejo ao menos por enquanto.

— É que tomastes uma posição muito cedo, Sócrates, replicou Parmênides, antes de estares apto a definir o belo, o justo, o bom e cada uma das outras formas. Foi uma observação que fiz outro dia ao te escutar discutir aqui mesmo com o nosso amigo Aristóteles. É uma bela e divina coisa, digo-te, o entusiasmo que te leva às discussões filosóficas. Mas prepara-te e exercita-te melhor enquanto és jovem, naquilo que o vulgo julga inútil e que chama de palavrório; senão, a verdade te escapará.

— Em que consiste este exercício, Parmênides? Perguntou Sócrates.

— Zeno, disse ele, deu-te um exemplo na sua leitura. Entretanto devo dizer que fiquei encantado com uma observação que fizeste, ao dizeres que não querias deixar o assunto se extraviar para os objetos visíveis e ai permanecer, mas levá-lo para aqueles que captamos com o pensamento, e que se pode considerar como formas.

— Penso, com efeito, disse Sócrates, que não é totalmente difícil demonstrar dessa maneira que os seres são ao mesmo tempo semelhantes e dessemelhantes, e susceptíveis de todos os contrários.

136A — E tens razão, disse Parmênides, mas há outra coisa que fazer ainda. Não é suficiente supor que um objeto existe e examinar as conseqüências dessa suposição; é preciso ainda supor que esse mesmo objeto não existe, se queres levar a fundo a tua ginástica[30].

— Que queres dizer? perguntou Sócrates.

B — Ouve, por exemplo, respondeu Parmênides, essa hipótese colocada por Zeno que a pluralidade existe. É preciso procurar o que deve daí resultar, tanto para a pluralidade relativamente a si mesma como relativamente ao Um, e tanto ao Um relativamente a si mesmo e à pluralidade. Se, ao contrário, a pluralidade não existe, é preciso ainda examinar o que daí resultará tanto para o Um como para a pluralidade, relativamente a si mesmos e relativamente um ao outro. Podes supor, ainda, que a semelhança existe ou que ela não existe; então, deverás procurar o que acontecerá numa e noutra hipótese aos objetos supostos e aos outros, relativamente a si mesmos, e relativamente uns aos outros.

C — O mesmo diria eu do dessemelhante, do movimento e do repouso, do nascimento e da destruição, do próprio ser e do não-ser. Em uma palavra, por tudo que poderás supor ser ou não-ser ou experimentar qualquer outra afeição, é preciso examinar as conseqüências que daí resultam para o próprio objeto e para qualquer das outras coisas às quais te agrada compará-lo, depois para muitas e para todas igualmente. Farás o mesmo quanto às outras coisas: tu as examinarás em relação a si mesmas e em relação a todo outro objeto que te agradar sucessivamente de considerar, que suponhas que não existe. Eis o que farás, se queres aperfeiçoar o teu exercitamento e poder discernir seguramente a verdade.

D — É um estudo imenso, Parmênides, disse Sócrates, o que me propões, e eu não te compreendo muito bem. Mas por que não me desenvolves tu mesmo as conseqüências de alguma hipótese, a fim de que te entenda melhor?

---

30. Os Tópicos de Aristóteles (101 a, 34-36; 163 a, 36-163 b.16) recomendaram este método, ora como ginástica dialética, ora como instrumento de pesquisa científica. Entre os Tópicos e Parmênides, há mais que a "analogia" salientada por Alexandre (in Tópic., pag. 29, Wallies): há correspondências textuais, já sublinhadas H. Maier (Die syllogistik des Aristoteles, II, 2, pag. 51, n° 1). (Diès).

— É uma pesada tarefa, Sócrates, respondeu ele, que impões a um homem da minha idade.

— Mas, Zeno, disse Sócrates, por que não farias essa demonstração?

E Pitódoro disse que Zeno respondeu a rir: "Peçamos a Parmênides, Sócrates, porque não é um exercício fácil o de que ele fala. Não vês que trabalho exiges? Se fôssemos mais numerosos, não seria preciso fazer-lhe este pedido, porque não deixaria de fazer uma tal exposição diante de um numeroso auditório, sobretudo quando se tem a sua idade. A multidão não sabe que, sem essa revisão universal e esse vaguear das idéias, é impossível encontrar a verdade e adquirir a inteligência. Junto, então, o meu pedido, Parmênides, ao de Sócrates, para te ouvir ainda uma vez". Tendo Zeno falado assim, Antífon disse que Pitódoro lhe havia contado que o próprio Aristóteles e os outros haviam solicitado a Parmênides para que demonstrasse o que dizia, e que não lhes recusasse esse favor.

137A — Devo, portanto, obedecer aos vossos desejos, disse Parmênides, embora me veja na mesma situação do cavalo de Íbicos, cavalo de corrida, já envelhecido, que atrelaram a um carro em um concurso, e cuja prova ameaçava-o com o fim de seus dias. Comparando-se a Íbicos, disse que também, velho como era, via-se, contra à vontade, constrangido a entregar-se ao jugo do amor[31]

B Eu também, ao lembrar-me do passado, sinto-me tomado de receio e pergunto a mim mesmo como poderia atravessar a nado um tão rude e vasto oceano de opiniões. Entretanto, é preciso satisfazer-vos, pois que, como disse Zeno, estamos entre amigos. Agora, por onde começaremos, e qual hipótese colocaremos primeiramente? Quereis, já que vos agrada jogar esse jogo laborioso, que comece por mim mesmo, colocando a

---

31. Eis aqui, segundo A. Croiset (Hist. de la Litt. Gr., II, pag. 334), a tradução do fragmento de Íbicos (frag 2 de Bergk) ao qual Platão alude: "Eros, de olhos negros, lança de novo seu olhar úmido e, por mil tramoias, procura atirar-me nos fios inextrincáveis de Kypris; mas eu tremo à sua aproximação, como um corredor, outrora vencedor nas lutas de carros, chegando, enfim, à velhice, entra, com desgosto, na carreira em que rivalizam as rápidas parelhas". (Diès).

minha própria hipótese a propósito do Um em si, se ele é um ou se não é um, examinando o que daí deve resultar?
— Seguramente, queremos assim, disse Zeno.

c — Então, quem me responderá? perguntou Parmênides. O mais jovem? É ele, com efeito, que oferecerá menores dificuldades, e que responderá de modo mais simples o que pensa, e depois descansarei ao ouvi-lo responder.
— Eis-me aqui, pronto a fazê-lo, disse Aristóteles, porque sou eu o que designas falando do mais jovem. Interroga, pois; eu responderei.

COMENTÁRIOS

Um dos mais persistentes erros, que encontramos expostos nos livros que tratam do pensamento platônico, é a afirmação do seu dualismo. Na verdade, nenhum grande filósofo foi dualista, e Platão foi dos maiores. É raro o dualismo como os dualistas, e só um filósofo menor poderia aceitar dois seres que fossem o princípio do universo, ou um ser e um nada a *principiarem-no*. Nem o pensamento maniqueísta, que é constantemente chamado de dualista, em que pese as razões de tantos grandes valores que o combateram, não o foi realmente, senão nas mãos de pensadores menores. O *dualismo principal* é tão absurdo, tão aporético, que nenhum filósofo o aceitaria. Há um dualismo não principal, como se vê em Pitágoras, ao afirmar que o Um gera o Um, e este o Dois.

O "Outro"

A matéria, para Platão, aparece-nos como um *outro*, diferente de ser ativo, mas não um puro nada, mas apenas simbolizado como um *ek mageion amorphon*, uma massa amorfa, que é modelada pelo demiurgo. Mas estamos aqui em pleno mito, em exemplos proporcionais aos ouvidos de ouvintes incipientes. O que Platão afirma é a coeternalidade do *ek mageion amorphon*, da matéria, como a ação do demiurgo, ou seja, a contemporaneidade da determinabilidade com a determinação. O ato, que modela, que informa a coisa, é um determinante, que o é na proporção em que há um determinável. O ato criador determinante implica um determinável proporcionado, e por ser o ato criador potencialmente ativo, seu poder não tem limites, pois sempre *pode*. Para que o poder criador seja potencialmente ativo e sem limites, impõe-se uma determinabilidade, ou seja, uma potência passiva sem limites, mas limitável pela determinação. Em outros termos, a uma potência ativa infinita deve corresponder uma potência passiva ilimitada e não infinita no sentido adequado deste termo, pois infinito quer dizer independência, e a determinabilidade é dependente do determinante, no ato criador. A criação é ilimitadamente determinável. Tanto Platão como os pitagóricos afirmavam que o infinito não é o acidente de alguma natureza, mas algo *per se existens*. Quando ele afirmava que à matéria cabia o infinito, referia-se ao potencial, com duas raízes, o *Mega e o Micron* (o grande e o pequeno), a máxima e a mínima determinabilidade, como já vimos, pois a primeira pertence à adição e a segunda à divisão, tendendo aquela para o máximo e esta para o mínimo, não nihificando-se nunca.

Ato e Potência

Demonstramos, em *Filosofia Concreta*, que fazer implica algo ser feito.
O ato criador, ao fazer, realiza o que é feito. Foi por essa razão que Tomás de Aquino dizia que o ato criador é um só, mas cria o ato (determinação) e a potência (a determinabilidade). E seguindo os métodos por nós já expostos, verificamos que essa distin-

ção, entre ato e potência, não implica uma separação abissal entre ambos. Não surge nitidamente em Platão, o conceito da criação, como não o surgiu também em Aristóteles, muito embora este tema permita muita controvérsia, pois em Tomás de Aquino encontramos certas passagens em que ele manifesta reconhecer que Aristóteles havia, de certo modo, tangido o tema da criação, que foi revelado, em seu profundo sentido, pelo cristianismo. Como este tema não é de relevância por ora, e surgirá quando do exame dos outros diálogos e da obra aristotélica, deixamos para tratá-lo em momento oportuno, mesmo porque é mister, nessa ocasião, examinar devidamente o pensamento pitagórico, que é importante para a boa compreensão deste ponto.

Excluindo Platão do dualismo, podemos afirmar que a imanência formal, que surge na participação, está unida à substancialidade, que é própria do ser, desde que tomemos este termo no sentido genuinamente platônico, que é a presença que perdura, e, no caso do ser, que perdura evitername, princípio do *parentesco* entre todos os seres, que nela tem a sua origem. A diversidade dos seres finitos é fundada na determinação possível do ser. Há, assim, um comum parentesco entre todas as coisas e o Ser absoluto, de onde procede tudo quanto é. Tais postulados encontrarão nos nossos comentários provas a seu favor. Em *Filosofia Concreta*, seguindo outro caminho, que não o platônico nem o aristotélico, alcançamos a mesma positividade, demonstrando-a apoditicamente.

Há um Ser infinito que é por essência, no qual existência e essência se identificam, aceitava Platão. As Formas subsistentes, já o demonstramos como ele as considerava, e se são separadas das coisas não formam uma pluralidade de seres abissalmente separados, o que seria considerá-lo um pluralista, o que ele não é. Que esse ser é infinito e único, decorre do pensamento platônico e, consequentemente, que não é limitado. As Formas arquetípicas são infinitas em sua espécie, perfeitas e eternas, e não podem estar separadas fisicamente desse Ser Infinito, que é o Infinito Bem. Elas, portanto, são distintas formalmente nele e são dele; são os "pensamentos de Deus", como as chamará Tomás de Aquino. A atividade criadora do Ser Infinito realiza o poder-ser no que pode ser (determinação-determinabilidade). A potência é infinitamente determinável. pode ser sempre determinada, como o poder infinito criador pode sempre determinar. Daí surge a heterogeneidade dos seres, que copiam aquelas formas perfeitas e eternas. Mas esses seres finitos não estão abissalmente separados do ser Infinito, porque são produzidos por ele (Platão, com o demiurgo, dá um exemplo didático, pois seu intuito era fazer *sentir* a criação, e não explicar como ela se deu). Todos os seres tem um parentesco, têm uma fonte, embora pertençam às mais estranhas espécies dos mais extremos gêneros, algo que os analoga, algo em que comungam, um *logos* a que ambos pertencem.

A dialética socrático-platônica, em sua busca sem fim *do logos analogante*, é uma demonstração do pensamento unitário de Platão. Ela não é dualista, mas aceita as distinções e as separações, nunca, porém, abissais. Há, para usarmos nossas palavras, crise entre os seres finitos, mas tal crise aponta apenas a um diástema ou formal, ou físico, nunca um abismo, que se intercalasse entre os seres.

O "Logos"

Como todos os seres se analogam mais remota ou mais proximamente, todos têm um *logos* comum, que a todos analoga. E esse *logos* comum, fonte e origem, que unifica todas as coisas, é o *Logos* que surge depois nos seus discípulos tardios. Tudo quanto é, participa do Ser Primeiro, cuja essência nos escapa, mas sabemos ser ele quem dá o ser a todos os entes. Tudo participa desse Ser absoluto, tudo quanto é, de que modo for, substância ou acidente, com plenitude ou deficiência, pois todo modo de ser é ser, e todo modo de ser aponta a uma semelhança com o Ser Infinito, por participação. Este não pode ser um atributo das coisas finitas, dependentes, mas, sim, o princípio delas, de onde elas dependem. E por depender dele, é que todos os entes dele participam. Essa relação de dependência afirma uma relação de similitude deficiente, a qual é a essência da participação.

À primeira vista pode parecer que a participação negue terminantemente o não-ser, o nada (naturalmente relativo), pois ela revela apenas graus de ser e, consequentemente, sempre ser, onde todos os entes se univocam.

No entanto, alega-se que Platão falava do não-ser. Mas esse não-ser não é o abismo infindo do nada absoluto, que ele não podia aceitar nem aceitava, mas sim do nada relativo. Ao comentar uma passagem da Física de Aristóteles, diz Tomás de Aquino, no nº 118, loc..7, que Platão expunha que o ser era, genérica e univocamente, predicado dos entes, segundo a sua participação ao primeiro ser, afirmando que os contraditórios não são simultaneamente verdadeiros. E, consequentemente, que o não-ser não é propriamente nada, mas alguma coisa (*áliquid*). Se ente significasse apenas o que é substancial, o que não é substancial seria não-ente, pois se fosse ente, este não se caracterizaria por ser substância, e, então, ente seria o que é substância e o que não é, o que é contraditório, e, neste caso, dois contraditórios seriam simultamente verdadeiras. E como os contraditórios não podem ser ambos verdadeiros, segue-se que o que não é substância é não-ente. Ora, o acidente não é substância, consequentemente segue-se que é não-ente, o que mostra que o não-ente não é o nada, pois o acidente é alguma coisa.

Na terminologia escotista, ente é tudo ao qual não se pode afirmar o nada, tudo quanto tem qualquer positividade. O acidente é positivo, e a ele não se pode predicar o nada; consequentemente, tem uma *entitas*, é um ente. Neste caso, não é ente o que apenas tem substância, pois o acidente não a tem dentro da terminologia aristotélica. O pensamento escotista é oposto ao platônico, neste ponto, mas apenas por ambos partirem de uma conceituação diferente quanto ao ente.

Prosseguindo no comentário (119) Tomás de Aquino conclui que o acidente não é ente *simpliciter*, mas também não é um não-ente absoluto.

Ao comentarmos oportunamente o pensamento de Parmênides, que admite que nem os entes são *um*, voltaremos a este ponto, que é de importância valiosa para a compreensão do pensamento platônico.

O Nada

Não propôs Platão que houvesse alguma coisa fora do ser, porque "nada há fora do *céu*". O nada não é um ponto de partida para o ser, como não o é também no pensamento cristão, pois é uma ingenuidade pensar-se que a c*reatio ex nihilo* indicasse uma gestação do ser pelo nada, pois o Criador é eterno, e é Ser, e antecede, ontologicamente e por dignidade, à criatura. Entre ser e não-ser há apenas uma relação de razão. Ao comentar a criação *ex nihilo*, Tomás de Aquino diz: "*Deus facit ex nihilo... non quod nihilum cedat in substantiam rei, sed quia ab ipso tota substantia rei producitur nullo alio supposito*" (*Summa Theol*.I, q. 41, a 3, c). Não há, assim, um supósito anterior, de onde o criador tirasse os entes criados (criaturas). Ao criá-los, deu-lhes o ser. É nossa imaginação que concebe, sem contudo poder entendê-lo, esse abismo de nada anterior à criação. Quando Platão postula que há previamente *o ek mageion amorphon*, que é informado, determinável pelo ato, que o determina, não o afirma anterior cronologicamente à criação, pois, como já vimos, o determinante implica simultaneamente a determinação, já que o ato de determinar é de vetor inverso ao sofrer determinação, pois, para determinar, é preciso que algo seja determinável, como já vimos.

O ser não pode proceder senão do ser, o que subentende a participação. No pensamento cristão, como o demonstrou Tomás de Aquino, a participação está implícita na criação, esta não pode ser compreendida sem aquela, e e *contrario*. Compreende-se, então, que não era infenso a Platão o pensamento criacionista, não naturalmente com as características e a precisão que teria no pensamento filosófico cristão.

A metáfora do demiurgo (do artesão) completa a estrutura ontológica da criação-participação, conceitos inseparáveis e vivos em todo pensamento filosófico mais elevado. Se cabe a Tomás de Aquino o papel de reunir num só bloco esses dois conceitos, não se pode negar que foi inspirado no pensamento platônico, que conseguiu, através do empirismo aristotélico, fundar as bases de uma concepção cristã, que é mais profundamente platônica do que inspirada no Estagirita, o que vem comprovar a tese por nós afirmada.

A Criatura

Demonstramos em *Filosofia Concreta*, que a criação implica o ente deficiente, pois criar a plenitude absoluta de ser é Ser o Ser Infinito, o Ser Supremo. Dizer-se que não pode ele criá-lo, é produto de uma fraqueza de nossa mente, porque ele já é, e a criatura, por ser dependente, não poderia ser o Supremo Ser. A criatura infinitamente perfeita é uma contradição formal; não é nada, nem no pensamento nem na realidade, dizer-se que Deus não pode realizá-la, como o mostra Tomás de Aquino, pois criatura implica dependência.

A criatura é, assim, dependente e participante do Ser Supremo, não apenas formalmente, mas concretamente, procedente que é do ser criador, que a metáfora platônica apenas procura exemplificar, para ser *sentida, vivida*, afetivamente pelos ouvintes de Sócrates, como o mostramos.

Dependentes do Ser Supremo são todos os seres finitos, e o mais elevado e o mais ínfimo, por maior que seja a distância que os separa daquele, nunca estão divorciados por um abismo inflanqueável. Eis por que em *algo* tudo a ele se *assemelha*, porque tudo dele participa.

Há, assim, um *logos analogante*, que unifica todas as coisas, no qual elas se univocam. É uma decorrência rigorosa do pensamento platônico, decorrência que comprova a improcedência do dualismo que lhe atribuíram.

Ser verticalmente os entes finitos se diferenciam e são heterogêneos, horizontalmente se identificam no ser. Se se distinguem pelas escalas de perfeição, há uma que os identifica: *o serem ser, e não nada*. E este ser não podia vir do nada e, sim, do Ser Supremo.

Participar não é *receber* uma perfeição, mas é modelar o que já tem, pela mímese da perfeição superior. Não é algo ausente que é recebido num continente, mas é o continente que toma a forma do que recebe. Participar é imitar, e é ser, de modo particular, o que o Ser Supremo é de modo pleno e absoluto.

Temos um exemplo, na Física, com o calor. Não recebe o calor o ser que é aquecido ao fogo, mas as suas moléculas mudam-se de modo a apresentar algo que se assemelha ao calor, que é uma estrutura ontológica, que os seres aquecidos imitam. Esse pensamento da física, que é tão atual, assemelha-se ao pensamento platônico.

Assim, na acústica, duas cordas de natureza diversas, com vibrações numericamente iguais, apresentam características diferentes. As vibrações são as mesmas. Ambas a imitam. Mas o que as heterogeneiza são as naturezas e as coordenadas diversas, que permitem surgir sons de tonalidades diferentes, embora de vibrações iguais.

As variadas cordas imitam, proporcionadamente à sua natureza, a vibração pura, a forma da vibração (exemplifiquemos 36 vibrações por segundo), mas, por ser heterogênea a natureza delas, o resultado global é heterogêneo.

E a vibração, que cada uma manifesta, é a de sua corporeidade 36 vezes por segundo. Ela não recebe a vibração 36, ela *realiza* essa vibração, segundo a sua natureza, o que nos explica a heterogeneidade dos entes.

Participação e Imitação

A participação não é um receber em sentido concreto, mas um imitar. e o imitante só pode imitar o imitado se entre ambos há algo em comum. É em *serem*, que todos os entes se univocam. E por serem corpo esta corda e também aquela, ambas podem vibrar 36 vezes por segundo. É da forma dessa vibração, o que ambas participam por imitação.

O abismo, que se pretendia interpor entre o pensamento pitagórico e o platônico, não procede; o primeiro ao afirmar a imitação e o segundo ao afirmar a participação, não se excluem, porque participar é imitar, mas o imitante em algo se univoca ao imitado.

Há a universalidade do ser, e a composição se dá nele, e não como o concebe o emanatismo panteístico, mas, sim, pela maneira como acima o explicitamos.

O princípio dos seres é único, fundamento da universalidade do ser. Contudo, alguns estudiosos ao examinarem o tema da participação, deixaram-se enleiar pelos conceitos abstratos. A mente humana separa e exclui para compreender e, sobretudo, para classificar. Mas nunca devemos esquecer de devolver à concreção o que mentalmente separamos. É o que constantemente aconselhamos em nossas obras, sob pena de cairmos nos defeitos do pensamento abissal.

Dar-se aos conceitos lógicos uma primazia é falsear a realidade. Se a nossa mente separa, o faz metafisicamente, não fisicamente, porque a realidade em si não se fragmenta. Há relações reais que a nossa mente distingue, mas dar a essa distinção uma separação física, é falseá-la. Era assim que o entendia Platão. A separação não era abissal para ele, e os trechos, que já citamos, são bem eloquentes.

Deste modo, não se separa a participação por composição da participação por similitude, apesar das distinções. Mas distinguir-se não é ainda fisicamente separar-se. A distinção favorece a estruturação de nossos esquemas mentais, mas a semelhança unifica os entes no que há neles de comum, o *logos analogante*. Sem a transcedência do ser que univoca, há o perigo de cair-se no abstratismo da participação por composição, o que leva ao erro e a insuperáveis aporias.

As teses fundamentais da *Filosofia Concreta* nos ajudam a compreender, em toda a sua extensão, o pensamento platônico. Há um ser perfeito, plenitude de ser, que não é composto, que é o Ser Supremo.

Todo o ser finito é composto, e, portanto, tem um *arithmós*, acrescentaria um pitagórico, porque onde há composição há proporcionalidade dos termos componentes. O ser finito é composto de ato, potência e privação, e não é tudo quanto pode ser.

Os seres, que imitam a forma subsistente na ordem do ser, não atingem a sua perfeição específica.

Essas distinções, embora não estejam explícitas no pensamento platônico, pois foram construídas, posteriormente, no processo da filosofia medieval, estão, contudo, implícitas nesse pensamento.

E Tomás de Aquino, ao realizar a sua extraordinária síntese do pensamento aristotélico e platônico, em sua teoria da participação, mostra, clara e definitivamente, que a influência platônica prepondera sobre a de Aristóteles, o que vem robustecer a nossa tese.

. . .

Embaraçado Sócrates pelos argumentos de Parmênides declara-se ante aporias, ante dificuldades teóricas, que lhe pareciam inflanqueáveis. É Parmênides que prossegue em sua crítica, mostrando que há ainda outras dificuldades, além daquelas já expostas. As formas não são cognoscíveis. É difícil convencer que o não são, como também que o sejam. Mas é preciso saber que o que conceituamos de uma forma, o que, em suma, existe em nós, não é a forma, que existe em si, *extra-mentis*. Sócrates, embaraçado, conclui que, não podendo existir em nós, como poderia existir em si?

Para demonstrar a sua tese, Parmênides exemplifica com os relativos escravo-senhor. O escravo não é o escravo do senhor em si, nem este do escravo em si. Como as realidades de nosso mundo não tem ação sobre as do alto, nem estas sobre nós, o que já havíamos examinado, as relações se dão, portanto, entre as primeiras entre si e entre as do nosso mundo entre si.

A nossa ciência é a ciência que está em nós, como a ciência em si é a ciência que está em si. Como as formas em si não estão em nós, nem as possuímos, não participamos da ciência em si, e nada podemos conhecer em si.

Contudo, se não há esse conhecimento, há um conhecimento em nós, que participa daquele, pois, como poderia o cognoscente conhecer o que é desproporcionado à sua natureza? Se tal se desse, ofender-se-ia um postulado fundamental da filosofia concretamente considerada. Mas não conhecer as coisas em si não implica falsidade em nosso conhecer, pois a intencionalidade deste capta proporcionadamente a verdade daquelas. Sócrates ainda não podia responder à objeção de Parmênides e, por isso, recua receoso.

Aproveita-se Parmênides de sua fraqueza para prosseguir. Só Deus poderia ter a ciência em si, a ciência mais exata. Mas poderia ele conhecer a nossa ciência e as nossas coisas? Apesar da objeção de Sócrates, conclui que não, pois já se havia estabelecido que não há ação do que está no alto sobre o que está embaixo, e e *contrario*. Mas o seu argumento é falho, porque confunde Deus com as formas. A conseqüência parece rigorosamente válida. A nossa impossibilidade de conhecer a ciência em si não implica a mutualidade da impossibilidade da divindade conhecer a nossa ciência. Diès responde dizendo que jamais Platão aceitou a realidade primitiva do mundo fenomenal. Já discutimos em que consiste essa *realidade*, e o argumento de Schiller não é suficiente. Conhecer é um ato que realiza uma ação. Mas a ação é do atuado. Se as formas não exercem uma ação sobre as coisas do mundo fenomenal, não a exercem enquanto formas, mas isso não implica que as coisas do mundo fenomenal estejam isentas de sofrer uma ação. É o que se depreende de tudo quanto examinamos sobre a participação. Sócrates não sabia como responder. Mas o intuito de Platão nesse diálogo é claro. Aristocrata do espírito dá toda oportunidade a Parmênides, e não ao jovem Sócrates. Ele sempre dá oportunidade aos que defendem idéias opostas às suas, sem que tal atitude implique uma deficiência de respostas às objeções, pois algumas já foram dadas nos comentários que oferecemos, e Platão dará oportunamente, em outros diálogos, respostas que poderiam caber aqui, mas que não as quis emprestar ao jovem Sócrates, mas ao Sócrates maduro, em plena pujança do seu espírito.

Mas compreende Parmênides, e aqui é ele também nobre, que todas as suas objeções não destroem os fundamentos da tese de Sócrates.

Atribui as dificuldades a uma fraqueza nossa e não da teoria das formas. Daí aconselhar, afinal, que Sócrates tenda para esse lado, que se dedique a estudar a sua própria teoria, a invadir terrenos ainda desconhecidos. Reconhece que as dificuldades surgem do espírito ainda imaturo de seu contendor. O tempo e a meditação permitirão uma visão mais clara e uma argumentação mais sólida.

Termina, aqui, a primeira investida de Platão no terreno da teoria das idéias. O diálogo, agora, toma outro rumo. É o tema do Um e do Múltiplo que vai surgir em toda a sua magnitude.

Sócrates solicita que Parmênides exponha o seu método. E este vai consistir em partir de duas teses a serem discutidas: se o Um existe, e o que decorre da aceitação da sua existência e, se a pluralidade existe, quais as decorrências que daí sobrevirão, bem como tudo quanto decorre da negação de um ou de outro.

Concorda Parmênides, não sem relutância, expor o seu método. E o restante do diálogo é uma exposição concatenada de todas as conseqüências que se seguem às diversas possibilidades que surgem da aceitação de uma ou de outra tese.

Nada melhor falará do seu método que o restante do diálogo. Nos comentários que oferecemos, não só teremos ocasião de precisar as diversas posições que se podem tomar do ângulo parmenídico, mas também examinar as soluções que a teoria da participação de Platão oferece para resolver o magno tema do Um e do Múltiplo, em torno do qual gira, não só o pensamento de Parmênides, mas toda a filosofia, e que pode servir de ponto de referência para o exame de todo o filosofar humano.

O UM E O MÚLTIPLO

Comentando a objeção, apresentada por Parmênides, na primeira parte deste diálogo, diz Diès (op. cit. p. 27): "Essa objeção, que ameaça ser mortal para a teoria das Formas, Parmênides não a fez em seu próprio nome. Apesar de ser vigorosamente formulada, ele limita, de antemão, o seu alcance. Persuasiva e constrangedora, a objeção não é, com efeito, senão pela deficiência dos que a fazem. Falta-lhes, o mais das vezes, tanto os dotes naturais como a riqueza da experiência indispensáveis; falta-lhes também a aptidão para seguir uma dialética cujos pontos de partida são longínquos e as deduções complicadas. Assim somos advertidos que, se a juventude ardente de Sócrates é vencida, a causa que o entusiasmou não o é. Se conquistou Parmênides a primeira plana, não lhe advém nem lhe resta senão levar a termo, com o vigor de sua experiência dialética e a autoridade de sua idade, uma demonstração que a juventude de Sócrates apenas fazia entrever, num vislumbre de genialidade."

E é o que se irá ver, na continuação do diálogo.

A teoria das formas está cercada de aporias. Estas decorrem da natureza da nossa razão. Uma dialética esclarecedora impunha-se aqui, e só após o exame do *um* e do *múltiplo*, tema que passará a ser o dominante no resto do diálogo, permitiria transparecer uma solução. A ciência das formas não pode ser negada. Houve um desvio do caminho que levava a ela; é, portanto, preciso procurar outra vez, até encontrar a via que indica o bom termo. Mostrou Parmênides que o caminho só pode ser o da direção indicada por Sócrates. A este faltara a suficiente maturidade para esclarece-la. Parmênides tentará uma solução. O exame do Um e do múltiplo vai iniciar-se, seguindo as vias de uma dialética que usará os opostos, para, com o máximo rigor, procurar soluções melhores, por mais amplas e mais profundas que as que anteriormente havia oferecido Zeno.

Parmênides passará, então, a apresentar as suas hipóteses, partindo do Um. Necessita um jovem, maleável, e que não obstaculize a procura. É escolhido Aristóteles, que, posteriormente, foi um dos quarenta, e que não deve ser confundido com o Estagirita, que ainda não houvera nascido.

Para comentarmos as partes deste diálogo, é imprescindível, de antemão, antecedê-lo com um rápido panorama do conceito do Um e múltiplo.

O Ser Indiviso

Diz-se que é *um* o que tem caráter de unidade, o que é indiviso em si, mas distinto dos outros. Um é, em suma, o ser indiviso, enquanto a idéia de múltiplo implica a divisibilidade sob qualquer gênero.

O ser não é um gênero, porque não pode ser totalmente predicado univocamente de nenhum ser. A idéia do um não implica o múltiplo, mas a indivisão. Pertence, pois, à razão do um a indivisibilidade sob um aspecto específico pelo menos, pois pode-se dizer que algo é um sob um aspecto, e múltiplo sob outro. Ademais o um pode ser em potência ou em ato. Entre o um em potência e o múltiplo em potência, não há contradição, pois ambos podem ser atualizados. Também não há contradição entre o um em potência e o múltiplo em ato, pois este, sob certo aspecto, pode constituir-se em um, uma unidade. Há contradição entre o um em ato e o múltiplo em ato, se tomados sob o mesmo aspecto e sob a mesma razão.

Excluir o um para afirmar o múltiplo, ou vice-versa, tem sido um dos caminhos mais nefastos, surgidos na filosofia quando em desfalecimento. Afirmar a unidade, sem negar a pluralidade, tem sido a busca mais extraordinária e mais ingente que empreendeu o espírito humano. E desde Parmênides que essa busca tem exigido o melhor esforço intelectual do homem. Inegavelmente, o problema do um e do múltiplo é o problema central da participação. Para os platônicos, o um e o múltiplo apresentam igual valor e perfeições iguais. E se Parmênides termina por encontrar-se, por sua vez, enleado em aporias, a filosofia posterior, (e aqui o papel de Platão é imenso), buscou a solução que não fora até então encontrada. Não queremos, com isso, dizer que Platão tenha solucionado de vez o problema, mas preparou o caminho para as soluções posteriores, que muito nos ajudarão a compreender os momentos altos e também os desfalecimentos no roteiro que seguirá Parmênides para a solução de tão importante matéria.

A Necessidade Do Um

Nenhum ser pode existir realmente sem ser *um*. Nós captamos a unidade, sabemos que ela *deve* ser, mas captamo-la através da multiplicidade. O múltiplo contém o ser, e é através dele que apreendemos o ser específico, a sua qüidade. O um e o múltiplo pertencem ao mesmo ser, e os assinalamos ao visualizar este por dois caminhos do nosso conhecimento: um sintético, que o reduz à unidade, e outro analítico, que o apreende em sua multiplicidade. São caminhos distintos, mas que reunimos numa só visão, a visão concreta. No intelecto, mostrá-lo-á Aristóteles, o um antecede sempre ao múltiplo, e este àquele segundo os sentidos, e segundo a imaginação também. Outros opor-se-ão a essa tese, porque tudo quanto é objeto de nossa intuição apresenta-se-nos como uma unidade, pois o que não é um não tem limites nem fronteiras, e não poderia ser objeto de uma intuição. A unidade é a fonte do nosso intuir, e ao captar o numeroso, captamos o múltiplo, pois nossas intuições sensíveis percebem o diverso simultaneamente, mas percebem este *um* branco, este *um* curvo e branco, mas o curvo é *um* como o branco é *um*, como esse curvo-branco é *um*. O ser captado é esse conjunto de unidades e, por sua vez, uma unidade. Na intuição sensível da criança acorre-lhe tudo englobado e confuso, constituindo uma unidade, que o constante exercício dos sentidos e da assimilação, através dos esquemas secundários, permite diferenciar numa multiplicidade de unidades e numa unidade de multiplicidade. Um e múltiplo, deste modo, estão sempre em nosso conhecimento, em nossa experiência.

Mas a posição de Parmênides é monista. E a antecedência lógica, ontológica e real do um é, para ele, evidente, apesar das aporias que o seu pensamento provocará. Para os pitagóricos, o Um é o Ser Supremo, fonte e origem de todas as coisas.

É mister, portanto, distinguir, daqui por diante, para boa inteligência do diálogo, o Um, como Ser Supremo, que mostramos em *Filosofia Concreta*, e o um, como unidade, como origem dos números, o um que se revela na tensão, que é indivisível, o um da totalidade, que tem um esquema e uma coerência, que é indivisível enquanto tal. Aquela, embora composta de múltiplos entes, constitui uma unidade que, se é igual (quantitativamente) à soma das suas partes, é distinta (qualitativa e especificamente) dela. Provamos naquela obra, que o Ser Supremo não é o Todo, não é o produto de uma soma, pois é transcendental ao que compõe o universo. Esse ser de suprema simplicidade, absolutamente ele mesmo, o *ipsum* esse dos escolásticos, não deve nem pode ser confundido com o um que se revela nas unidades outras, nas unidades finitas. Veremos que Parmênides enleia-se muitas vezes por confundir a ambos, o Um como Supremo existente, e o um, que é atributo da unidade formada por uma totalidade específica indivisa em si, enquanto tal.

Espécies De Unidade

Há várias espécies de unidade. Esta apresenta graus; portanto, a todo ser que é um, é preciso determinar de que modo o é. Reproduzamos Gilson, ao examinar o pensamento de Duns Scot, na síntese que faz das diversas unidades por aquele apontadas. "*Há unidade de agregação*, quando o um é simples justaposição das partes, como um monte de lenha; *unidade de ordem*, que não é uma simples justaposição, mas onde cada uma das partes ocupa um lugar que se justifica segundo um certo princípio, como a unidade de um fardo; há *unidade por acidente*, que já não se trata de uma simples relação de ordem, mas a unidade de um determinado e da forma que o determina. Se essa forma é acidental, temos uma unidade por acidente, como um vaso; se essa forma é substancial, temos uma unidade superior, que é a *unidade per si*, como a do ser vivo. Há outra unidade superior, que é a *unidade de simplicidade*, quando cada parte é a mesma que qualquer outra parte, como a unidade de um ser absolutamente simples, como Deus."

Há, assim, variedade de unidades, e essa distinção, que ainda não esgota as classificações, é suficiente em grande parte para examinarmos as palavras de Parmênides, e perceber os momentos de desfalecimento que o levam a aporias. Pode-se ainda falar em *unidade genérica*, como a da animalidade; *específica*, como a do ferro que é ferro enquanto é ferro; *unidades circunstanciais*, e outras. Há, assim, unidade onde há o um, onde algo se apresenta indivisamente em si, onde há algo que se distingue das partes por constituir uma entidade em si mesma. Há, ademais, a unidade comum, a unidade formal, a unidade real, a unidade unívoca, a unidade numérica, etc.

São esses elementos imprescindíveis para que possamos compreender e analisar bem o diálogo que se segue.

Este trecho do diálogo, que iremos examinar, é o em que Parmênides parte da afirmação do Um. O Um é. E se é, examina ele as conseqüências que daí decorrem e também as aporias que se oferecem.

PARMÊNIDES

(Continuação)

Primeira Hipótese: Se o Um é Um

c — Seja, disse ele. Se o Um existe, ele poderia, ser muitos, não é?
E respondeu Aristóteles:
— Como o poderia?
— Não há nele, portanto, partes, e não pode ser um todo.
— Por que?
— A parte, assim o julgo, é a parte de um todo.
— Sim.
— E o todo, não é aquilo ao qual não falta nenhuma parte?
— Certamente.
— De uma maneira como de outra, o Um seria formado de partes, tanto como todo, ou ainda como tendo partes.
D — Necessariamente.
— Então de uma maneira como de outra, o Um seria então muitos, e não um.

— É verdade.
— Mas é preciso que seja Um, e não múltiplo.
— É preciso.
— Então o Um, se é um, não será um todo e não terá partes.
— Não, com efeito.
— Se então ele não tem partes, não terá nem começo, nem fim, nem meio; porque essas divisões seriam partes dele.
— É justo.
— Ora, começo e fim são os limites de uma coisa.
— Incontestavelmente.
— O Um é, portanto, ilimitado, se não tem nem começo nem fim.
— É ilimitado.

E — Ele é então também sem figura; porque não participa nem do redondo nem do reto.

C — Por que?
— Não achamos redondo aquilo do qual as extremidades estão em toda parte à igual distância do meio?
— Sim.
— Portanto o Um teria partes e seria múltiplo, se participasse de uma figura reta ou circular.
— Certamente.
— Ele não é então nem reto nem circular, se é verdade que não tem partes.

138A — É justo.
— Mas, se é tal, não estará em nenhuma parte; porque não pode estar nem em outra coisa, nem em si[32].
— Como isto?

---

32. Ler, em Sextus (adv. math. VII. 69 e 70), a exposição do raciocínio de Górgias, conforme, ademais, ao resumo que dele dá o De Mel. Xen. Gorg. 997 b, 20-25). Se o ser é eterno, não há começo; logo é ele infinito; portanto não está em nenhuma parte. "Se está em alguma parte, o em que ele está é outro que ele; assim, envolto por alguma coisa, não será mais infinito, pois o envolvente é maior que o envolvido. Não está ademais envolto por si mesmo; do contrário o continente seria o mesmo que o conteúdo, e o ser tornar-se-ia dois: lugar e corpo." Raciocínio que Platão transpõe e corrige. Górgias, como Melissos (frag. 2, Diels, Vorsokr,. II 2, 186), concluía da eternidade a infinidade espacial. Platão evita essa inferência viciosa: é porque seu Um não tem partes que não tem limites nem figura e, consequentemente, não está em nenhuma parte. (Diès).

— Estando em outra coisa que ele mesmo, seria incluído pela coisa na qual estaria, e teria, com ela, numerosos contatos em pontos variados. Ora, o que é um e sem partes, e não participa do círculo, não pode ser tocado em muitos lugares de sua circunferência.

— Não o pode.

B — Mas sendo ele mesmo, nada o cercaria que não fosse ele mesmo, pois estaria nele mesmo; porque estar em alguma coisa sem estar incluído, é coisa impossível.

— Impossível, com efeito.

— Então outro é aquele que inclui, outro aquele que é incluído; porque uma coisa não pode integralmente e no mesmo tempo ser passiva e ativa na mesma ação. Desta maneira, o Um não seria um, mas dois.

— Não, com efeito.

— O Um não está então em nenhuma parte, não estando nem em si nem em outra coisa.

— Ele não está em nenhuma parte.

COMENTÁRIOS

Inicia Parmênides afirmando que se o Um existe, ele não poderia ser muitos.

Ora o Um, como Ser Supremo, como unidade de absoluta simplicidade, não pode ser muitos e, portanto, não constitui um todo, pois ele transcende às partes, isto é, os seres que dele surgem, que ele produz.

Mas Parmênides desde logo confunde o UM com os diversos *uns*, e prossegue raciocinando do seguinte modo: a parte é parte de um todo. Sim; pois só se pode falar de parte do que é parte de uma totalidade, porque o que não é elemento constituinte de uma totalidade não é parte. Ora, o todo é o conjunto das suas partes, e o todo só o é quando não lhe falta nenhuma das suas partes. Se o todo é formado de partes, e é um todo por ter partes, em qualquer dos dois casos seria muitos, isto é, seria uma composição de muitos, e não um.

Parmênides ora refere-se ao Um como unidade de simplicidade, ora refere-se ao um como uma unidade de ordem, ou de agregação, ou de per si. Sua argumentação pode enlear o jovem Aristóteles, mas falta-lhe a subtil distinção que cabia fazer aqui. Partindo dessa confusão, pois univoca o conceito *um*, ao referir-se a todas as formas de unidade, é natural que não sairá das aporias e não as resolverá.

Ele prossegue: para que o Um seja um, é necessário que não tenha partes, não seja constituído de partes. Se não tem partes não tem começo, nem fim, nem meio, porque tais divisões seriam partes deles. Pitágoras, ao referir-se às unidades finitas, dizia que elas podiam ser visualizadas triadicamente, por princípio (começo), meio e fim. Mas se referia às unidades de multiplicidade. O Um absolutamente simples não tem nem começo, nem meio, nem fim, porque não é uma unidade de multiplicidade, mas de simplicidade absoluta.

Mas Parmênides confunde o um finito com o Um infinito, e as impossibilidades daquele servem-lhe para mostrar a dificuldade teórica de resolver este.

O Um é Ilimitado

Começo, meio e fim são os limites de uma coisa, diz ele; mas de uma coisa finita. Mas o Um é ilimitado. E agora ele quer referir-se ao Um infinito, que não tem começo, nem meio, nem fim. E esse Um ilimitado não tem figura, não tem fronteiras, pois não é quantitativo, porque, se o fosse, sua figura, que é uma determinação qualitativa de quantidade, dar-lhe-ia extremidades, e também uma superfície. E, nesse caso, teria partes, e seria constitutivamente múltiplo. Nem poderia estar contido em outro, e aproveitemos aqui a nota de Diès sobre o argumento de Górgias. Se estivesse em outra coisa, esta seria maior que ele, e o Um teria, com o seu continente, contato em diversos pontos, o que é absurdo para o que não tem partes, pois cada ponto de contato seria uma parte. O um é tomado aqui extensistamente. Nada pode cercá-lo. Ele não tem fronteiras, mas tem um perfil para Parmênides. Não está incluído em nenhuma coisa, porque estar em outra coisa é estar incluído e, neste caso, teria partes. Ademais, seria simultaneamente ativo e passivo; passivo porque sofreria o contato e o estar incluído, o que torná-lo-ia não mais *um*, mas um conjunto de partes. Nem pode estar em si mesmo, pois não seria mais um, mas dois, porque uma coisa é o que envolve, e outra o que é envolvido, e o Um seria dois como envolvente e como envolvido. Mas não esqueçamos que o conceito de *conter* é um conceito extraído da nossa experiência sensível. Um ser absolutamente simples não é objeto de uma intuição sensível, pois não é um corpo. Parmênides trata do Um, aqui, como se pudesse ser um corpo e, consequentemente, o que argumenta raia ao absurdo. Toda a sua demonstração surge de uma deficiência da compreensão do Um, e não do que o Um é.

PARMÊNIDES

(Continuação)

— Vê agora se é possível que sendo o que é, o Um esteja em repouso ou em movimento.

c — Por que o não estaria?

— Porque se estivesse em movimento, não se deslocaria nem se alteraria, porque só há essas duas espécies em movimento.

— Sem dúvida.

— E se ele mudasse de natureza, o Um não poderia mais ser um, não é?

— Não o poderia mais.

— Ele não se muda então por alteração.

— Evidentemente não.

— Será então por mudança de lugar?

— Talvez.

— Mas, se ele mudasse de lugar ou volveria em círculo no mesmo local, ou passaria de um lugar para outro.

— Necessariamente.

D — Se se volve em círculo, é preciso apoiar-se sobre um centro, bem como ter outras partes, as que se volvem em torno desse

centro; mas aquele que não pode ter nem centro nem partes, qual o meio para dar-lhe uma transladação sobre um centro?
— Não há.
— Mas muda ele de lugar e passa ora de um lado, ora de outro, e é assim que ele se move?
— Sim, se ele efetivamente se move.
— Mas não vimos que é impossível estar em qualquer parte que seja?
— Vimos.
— Não é impossível ainda que se torne em outro.
— Não vejo a razão.
— Quando uma coisa se torna em outra, não é uma necessidade que ainda não o seja, enquanto está em vias de se formar, e que ela por sua vez não esteja integralmente fora, já que ela se torna?
— É uma necessidade.

E — Se alguma coisa é de tal susceptível, esta não pode ser senão uma coisa que tenha partes, e da qual uma parte já esteja dentro, enquanto outra estará fora; mas o que não tem partes não pode de nenhuma maneira achar-se ao mesmo tempo integralmente dentro, nem fora de outra coisa.
— É verdade.
— Quanto ao que não tem partes e não é um todo, não é muito mais impossível ainda que advenha a alguma parte, quando não advém nem por partes, nem em bloco?
— Evidentemente.

139A — O *Um* não muda, portanto, de lugar, nem indo para alguma parte, nem tornando-se em alguma coisa, nem girando sobre um lugar, nem alterando-se.
— Aparentemente não.
— O Um não se move, portanto, de nenhuma espécie de movimento.
— De nenhuma espécie.
— Por outro lado, dizemos que lhe é impossível também estar em alguma coisa.
— Sim, nós o dissemos.
— Ele nunca está, portanto, no mesmo lugar.

[149]

— Por que isto?
— Porque, então, ele estaria onde seria o mesmo lugar.
— Está certo.
— Mas nós vimos que ele não pode estar nem em si mesmo nem em outra coisa.
— Ele não o pode, com efeito.
— O Um não está, portanto, no mesmo lugar.
— Assim parece.

B — Mas o que não está nunca no mesmo lugar não tem nem repouso nem imobilidade.
— Não poderia ter, com efeito.
— O Um, portanto, pelo que me parece, não está nem imóvel nem em movimento[33].
— A conclusão se impõe.

---

33. O De Melisso, Xenophane, Gorgia (997b, 10-21) empresta a Xenofonte essa negação simultânea do movimento e do repouso (Diès).

COMENTÁRIOS

Pode o Um, sendo Um, estar em movimento ou repouso? Esta é a interrogação de Parmênides. Ora, o movimento não se compreende sem o repouso, nem este sem aquele. O movimento é a moção local, a que se realiza por transladação de um corpo, de um termo para outro termo. No movimento, o corpo é transladado com todas as suas partes. Não sendo o Um corpo, não pode ter ele movimento nem repouso. Emprega aqui Parmênides o conceito de movimento no sentido amplo de moção (*kinesis*). Ora a *kinesis* pode ser *auxésis* (acrescentamento, aumento), pode ser diminuição, decrescimento (*phtisis*), pode ser alteração, quando puramente qualitativa (*alloiosis*), e transladação (*phorá*). O repouso é *stasis*. Mas Parmênides emprega aqui o conceito *kinesis* em sentido restrito, como transladação e alteração, *phorá* e *alloiosis*.

Para que um ser seja transladado é necessário que seja corpo, o que o Um não é. Para que ele se alterasse, seria mister não ser absolutamente simples. Qualquer das duas hipóteses são absurdas, porque o Um, não tendo partes, não pode sofrer nenhuma dessas espécies de mutação.

Sendo impossível atribuir-lhe a *kinesis*, pergunta Parmênides se se pode atribuir-lhe a possibilidade de tornar-se outro que ele mesmo; isto é, corromper-se como é, para tornar-se outro, gerar outro (gênesis). (*Gignesthai* é o verbo grego que significa, nascer, tornar-se). Se o Um se tornasse em outro, enquanto está em vias de ser outro, não é ainda outro, mas também não se pode dizer que o outro, em que ele tende a tornar-se, esteja totalmente fora dele. Neste caso, é uma parte dele, que está fora dele. Mas como pode o que não tem partes estar simultânea e totalmente dentro e fora de outra coisa? Como adviria a alguma parte o que não tem partes, pois não poderia advir apenas em parte, porque teria uma parte, nem em bloco, porque, neste caso, seria composto de ato e potência. E se se corrompesse, para tornar-se outro, que seria gerado, deveria ser composto, pois corromper é romper o que é uma unidade, um, para tornar-se outro, o que implicaria partes.

Ao Um não se pode, pois, atribuir nenhuma dessas espécies de *kinesis*. Não pode estar em nenhum lugar, pois não pode estar nem em si mesmo nem em outra coisa. Portanto, não tem nem movimento nem repouso, pois este último exigiria que não saísse do mesmo lugar. Consequentemente, não está nem imóvel nem em movimento.

Ora, a argumentação de Parmênides cinge-se ao mundo físico, e é colocado na esquemática desse mundo, que o Um não pode ser em ente físico. Mas se o Um, como Ser Supremo, não é físico, uma coisa corpórea não é uma unidade absolutamente (*simpliciter*) simples. E Parmênides ainda quer referir-se à Unidade do Um.

PARMÊNIDES

(Continuação)

— Não será nem idêntico a um outro, nem idêntico a si mesmo, e, por outro lado, não poderia ser outro nem ele mesmo.
— Como isto?
— Se fosse outro que ele mesmo, seria outro que Um, e não seria mais um.
— É verdade.
c — Pois se fosse idêntico a um outro, seria esse outro e não seria mais ele mesmo, de sorte que, nesse caso também, não seria o que é, Um, mas outro que um.
— Não, com efeito.
— Ele não será então idêntico a um outro que ele, nem tampouco diferente de si mesmo.
— Não, com efeito.
— Mas diferir de algum outro, não o poderia durante o tempo em que é Um; o que é Um, com efeito, não poderia diferir; pois a diferença exige alteridade de termos e não poderia existir de outro modo.

— É justo.
— Não é, portanto, por ser um que será outro. Discordas?
— Não, verdadeiramente.

D — Ora, se ele não é tal, não será por si mesmo, e, se não é por si mesmo, não será também ele mesmo. Mas, ele mesmo, não sendo outro de nenhuma maneira, não será outro do que quer que seja.
— É justo.
— E ele não será ainda idêntico a si mesmo.
— Por que não?
— Porque Um e mesmo não são a mesma natureza.
— Como é isso?
— É que, tornar-se idêntico ao que quer que seja não é ser senão Um.
— Explica-me.
— Tonar-se idêntico a muitos é necessariamente tornar-se muitos, e não Um.
— É verdade.
— Mas se o Um e o mesmo não diferissem em nada, neste caso tornar-se idêntico seria tornar-se um, e tornar-se um seria sempre tornar-se idêntico.
— Sem nenhuma dúvida.

E — Portanto, para o Um ser idêntico a si, basta apenas ser um consigo mesmo, e assim, ele, que é Um, não será Um, o que é impossível. Portanto, é impossível ao Um ser diferente de um outro, e ser idêntico a si mesmo[34].
— É impossível.
— Portanto o Um não será, quanto a si nem quanto a outro que ele, diferente, nem idêntico.
— Certamente não.

---

34. Do princípio: "a identidade não é a unidade", tira-se a conseqüência: "Portanto, ser idêntico, não é ser um". Mas, a essa conseqüência inofensiva, se substitui: "Portanto, ser idêntico, é não ser Um". Obtém-se assim a conclusão sofística procurada: para o Um, ser idêntico a si mesmo, é preciso deixar de ser Um. (Diès).

— Ele não será tampouco semelhante nem dessemelhante, nem a si mesmo nem a um outro.
— Por que?
— Porque o que é semelhante comporta alguma identidade.
— É.
— Ora, vimos que a natureza do mesmo é distinta daquela do Um.
— Nós o vimos com efeito.
— Mas se o Um tem alguma característica distinta de sua unidade, ele tornar-se-á mais que Um, e isso é impossível.
— Certamente.
— É então absolutamente impossível que o Um seja idêntico a outro nem a si mesmo.
— Assim parece.
— Não é possível, pois, que seja semelhante a um outro nem a si mesmo.
— Parece que não.
— Não pode também acontecer que o Um seja diferente; porque aconteceria ser mais que um.
— Com efeito, seria mais que um.
— Ora se acontece que uma coisa é diferente ou de si mesma ou de uma outra, ela será dessemelhante ou de si mesma ou de outra, pois o que tem uma característica idêntica é semelhante.
— É justo.
— Ora o Um, ao que me parece, não sendo de nenhuma maneira diferente, não é de nenhuma maneira dessemelhante, quer consigo mesmo, quer com outra coisa.
— Não é seguramente.
— Assim, pois, o Um não poderia ser nem semelhante nem dessemelhante, nem a um outro nem a si mesmo.
— Isso parece evidente.
— Neste caso, ele não será nem igual nem desigual, quer a si mesmo, quer a outro.
— Por que?
— Se igual, terá as mesmas medidas que a coisa à qual é igual.
— Sim.
— Se maior ou menor que as coisas às quais é comensurável, terá mais medidas que as menores, menos que as maiores.

— Sim.
— Em relação às coisas, às quais não é comensurável, será de medidas menores que umas, maiores que outras.
— Naturalmente.
— Não é, porém, impossível que o que não participa do idêntico, ser idêntico, ou em suas medidas, ou em o que quer que seja outro?
— É impossível.
— Não poderia então ser igual nem a si mesmo, nem a um outro, se não tiver as mesmas medidas.
— É evidente que não.
D — Mas se tem mais ou menos medidas, tantas medidas terá quanto partes tiver. Portanto, cessará de ser Um e será múltiplo tantas vezes quantas medidas tiver.
— É justo.
— Tendo apenas uma só medida, ele tornar-se-á igual à medida. Ora, pareceu-nos impossível que seja igual ao que quer que seja.
— Foi o que nos pareceu, com efeito.
— Assim, pois, não participando de uma só medida, nem de um número maior ou menor de medidas, está excluído, de maneira absoluta, de toda participação ao idêntico. Não será jamais igual nem a si, nem a outro qualquer e não será maior nem menor que ele mesmo ou que um outro.
— É absolutamente exato.

COMENTÁRIOS

A igualdade é a relação de concordância, ou a identidade quantitativa. São iguais dois seres cuja quantidade é concordante, a de um com a de outro. Diz-se, ademais, que são iguais, em Lógica, quando a essência de um é a mesma de a de outro, assim João e Pedro são iguais, enquanto especificamente homens.

Parmênides nega ao Um igualdade, quer em relação a si mesmo, quer em relação a outros.

E as razões são as seguintes: se ele fosse maior que outros, teria mais medidas que os outros. Ora, a medida serve para conferir a quantidade, tomando como unidade uma quantidade da mesma espécie. Para que o Um fosse comensurável com os outros, teria de haver entre ambos uma quantidade da mesma espécie, o que não há. Todo o argumento de Parmênides peca, desde início, por colocar-se falsamente, e, por isso, tornar-se sofístico.

Se o Um fosse comensurável com os outros, teria mais medidas (*metron,* medida) que as menores, e menos que as maiores. Quanto às coisas, às quais não é comensurável, isto é, entre as quais não há uma medida comum, um metro comum, que servisse de meio para conferir a quantidade, o Um será de medidas maiores que umas, menores que outras.

Se não há participação do idêntico não pode ser idêntico a outro, quer em suas medidas, como no que quer que seja. Para que o Um seja igual a si mesmo ou aos outros, precisa ter as mesmas medidas, para ser com-mensurável.

A Incomensurabilidade

Como não participa do idêntico, pois foi o que quis demonstrar anteriormente, não há comensurabilidade entre o Um e o múltiplo.

Se fosse comensurável teria mais, ou menos, ou tantas medidas quantas partes tiver. Ora, se tivesse partes não seria Um, e seria múltiplo, pois, pelas medidas, ele seria múltiplo.

Se tiver uma só medida será igual a ela. Mas não pode ser igual ao que quer que seja, pois teria medidas iguais ao outro que lhe fosse igual. Por não ter medidas, está excluído da participação do idêntico. Não será nem igual a si, nem a qualquer outro, nem maior ou menor que si mesmo, nem que outro.

Na filosofia pitagórica, o Um é incomensurável sob qualquer sentido com o Múltiplo. E o símbolo é o da circunferência, a qual é incomensurável com o diâmetro, e, consequentemente, com o raio, etc.

O Um não pode ser igual a si mesmo em sentido quantitativo, porque não é quantidade, pois esta é um acidente de alguma coisa, e o ser do Um é um ser absolutamente ser, e não um *inesse*, um ser em outro. Em sentido específico, também não o é, porque o Um não é espécie de um gênero. Se Parmênides segue por caminhos sofísticos, tal não lhe impede de chegar à afirmação de sua incomensurabilidade com o múltiplo, mas há melhores para alcançar essa verdade. Ademais o Um não é um participante, pois se o fosse haveria outro que seria o Um, e ele seria composto;

pois, onde há participação há, pelo menos, dualidade, e onde há dualidade, há número. Esse pensamento já havia sido exposto pelos pitagóricos, daí afirmarmos que o número (*arithmós*), é, realmente, para o genuíno pitagorismo, o esquema da participação. Todo ser participante *tem* um número (arithmós).

Afirma ainda Parmênides que o Um não pode ser idêntico a um outro nem a si mesmo. Impunha-se esclarecer o conceito de identidade (*tautos* = si mesmo). Chama-se identidade ontológica a de um ser que ontologicamente é ele mesmo; isto é, permanece sendo ele mesmo.

O Um não pode ser outro que ele mesmo, pois deixaria de ser a si mesmo para ser outro, o que é contraditório com o que já foi visto. Nem tampouco pode ser idêntico a si mesmo. Ora, na identidade lógica, há uma relação de dois termos; não na ontológica. Parmênides raciocina com a identidade lógica para afirmar que o Um se tornaria dois se fosse idêntico a si mesmo.

Mas a dualidade, que se dá na identidade lógica, o é sob um aspecto, enquanto sob outro se dá uma unidade. O que marca a identidade ontológica é o perseverar do ser, e o Um persevera sendo Um e, neste caso, não há dualidade.

Identidade do Um

O argumento de Parmênides é sofístico, porque confundiu duas ordens para alcançar o que desejava afirmar. Por ser o que é, o Um é idêntico a si mesmo, porque persevera sendo sempre si mesmo. Não difere o Um de si mesmo. E afirma que não poderia diferir de um outro, pois diferir implica diferença, e diferença implica alteridade de termos e, neste caso, o Um se alteraria. O sofisma é claro, porque para algo diferir de um outro não implica alteração do que é diferente de outro. O diferir não é uma ação realizada pelo Um.

Conclui, afinal, que o Um não pode ser idêntico a si mesmo, porque seria dois, pois o Um se identificaria com o Um. É o mesmo sofisma que mostramos acima, que consiste em afirmar que ser diferente de outro é ser outro de outro, e o Um, sendo outro que outro, é ele mesmo e outro, mas é outro que outro, porque é ele mesmo. Pois tudo que é si mesmo é outro que outro, porque é si mesmo. Em nada tais argumentos favoreceriam a posição de Parmênides, que é eminentemente sofística.

Prossegue afirmando que não será tampouco semelhante nem dessemelhante a si mesmo nem a um outro, porque, comportando a semelhança alguma identidade, e verificando que a natureza do mesmo é distinta de a do Um, se o Um fosse o mesmo que si mesmo, teria uma característica distinta de sua unidade, o que o tornaria mais que Um. Mas, na verdade, se *mesmo* e *um* distinguem-se formalmente, tal não implica uma distinção real-real. Tornar-se idêntico é tornar-se um. Parmênides rejeitou esse juízo. Mas, ora paira no campo formal, ora no campo real, ora no campo ontológico e, daí, os sofismas sem fim que apresenta. Sendo o Um idêntico a si mesmo, é mesmo que si mesmo, porque perdura sendo o que é. Se os conceitos *mesmo* e *um* distinguem-se logicamente, não se distinguem quanto ao conteúdo subjetivo, real. Temos, aqui, o que se chama *identidade real ontológica*, e, no caso do Um, *identidade real ôntica*, porque o Um é ontologicamente ele mesmo. O Um, como unidade absolutamente simples, não admitiria uma distinção senão lógica. Essa distinção não implica nenhuma antecedência cronológica. Na distinção lógica, não há uma existência distinta, mas apenas lógica; é uma distinção menor que a distinção real-real. Em ser o Um si mesmo, só há, quando muito, uma distinção lógica e não existencial. O argumento de Parmênides é sofístico.

E, consequentemente, o que diz de 140 a em diante, padece do mesmo defeito. Além de negar a identidade, quer agora negar a semelhança e a dessemelhança. O resto do argumento é de fácil refutação.

PARMÊNIDES

(Continuação)

E — Agora, crês que o Um possa ser mais velho, ou mais jovem, ou da mesma idade?
— E por que não pode?
— Porque se tem a mesma idade que ele mesmo ou que um outro, participará da igualdade e da semelhança sob a relação do tempo. Ora, nós dissemos que o Um está excluído dessa participação, quer quanto à semelhança, quer quanto à igualdade.
— Dissemos, com efeito.
— E que não participa nem da semelhança nem da dessemelhança nem da desigualdade, dissemos também.
— Perfeitamente.

141 A — Nessas condições, como então poderia ser mais velho ou mais jovem, ou da mesma idade que o que quer que seja?
— Não o pode de nenhuma maneira.
— Neste caso, ao compará-lo consigo mesmo, ou com outro, o Um não poderia ser mais jovem, nem mais velho, nem da mesma idade que ele mesmo e que um outro.

— Evidentemente não.
— Mas, se tal é a sua natureza, é absolutamente impossível que o Um esteja no tempo. Pois não é uma necessidade, que uma coisa, que está no tempo, torne-se sempre mais velha que ela mesma?
— É uma necessidade.
— E o que é mais velho, não é sempre mais velho que qualquer coisa de mais jovem?
— Sem dúvida.

B — O que se torna mais velho que si mesmo torna-se também, no mesmo instante, mais jovem que si mesmo, se tiver alguma coisa que ele exceda em idade.
— Que queres dizer?
— O seguinte: uma coisa diferente de outra não tem que tornar-se diferente do que é já diferente dela: mas, do que é diferente, ela diferirá. De um termo em vias de tornar-se diferente, ela difere; do que será diferente, impossível que um outro tenha sido ou deva ser ou seja diferente; ela se torna diferente de um modo absoluto, e eis tudo[35].
— É forçoso.

C — Ora, uma diferença é mais velha em relação à mais jovem, e a nenhuma outra.
— Com efeito.
— Assim o que se torna mais velho que si mesmo, torna-se necessariamente ao mesmo tempo mais jovem que si mesmo[36]
— Parece.

---

35. A República já colocou essas leis da relação: o maior é necessariamente correlativo do menor; o muito maior é correlativo do muito menor; o que foi maior, do que foi menor; o que será maior, do que será menor 9438 b/c). (Diès).

36. O germe deste sofisma está num abuso de linguagem, que a República denuncia a propósito da expressão "mais forte do que si mesmo" (430 e). Mas Cárnide (168 a - 169 c) tinha já proclamado, quanto às grandezas e os números, a evidência do princípio: não pode haver relação ali onde não há real dualidade de termos. Em outras palavras, com efeito, o que se dirá mais pesado que si mesmo deveria ser ao mesmo tempo mais leve; "o mais velho será mais jovem, e assim por diante". (Platão, II, trad. A. Croiset, pag. 71. Cf. Apelt, Beiträge zur Gesch. d. gr. Phil., pag. 18). (Diès).

[162]

— Mas também não pode tornar-se numa coisa de tempo maior ou menor que si mesmo; é apenas de uma mesma soma de tempo que ele pode tornar-se, ter sido, dever ser.
— São ainda conseqüências forçosas.
D — É então forçoso, parece, que tudo quanto está no tempo, e que dele participa, tenha sempre a mesma idade que si mesmo, e torne-se ao mesmo tempo mais velho e mais jovem que si mesmo.
— Pode ser.
— Mas o Um, já o vimos, não participa de estados desse gênero.
— Nunca, com efeito.
— Não há pois participação com o tempo, e não está no tempo.
— Não, certamente, segundo o que demonstra a argumentação.
— Mas, dize-me: estas palavras como foi, tem sido, tornar-se, não parecem significar uma participação a um tempo passado?
— Seguramente sim.
— E estas: será, tornar-se-á, será tornado, uma participação ao tempo que vem, ao futuro?
— Sim.
E — E estas: é, tornar-se, uma participação no tempo presente?
— Certamente.
— Se então o Um não participa de maneira alguma de nenhum tempo, ele nunca se tornou, não se tornava, não foi jamais no passado; ele não se tornou, não se torna, não está no presente; não se tornará, não será tornado, não estará no futuro.
— É a própria verdade.
— Ora, é possível participar do ser de outro modo que os dessas maneiras?
— Não é possível.
— Então o Um não participa do ser de nenhuma maneira.
— Parece que não.
— O Um não é pois de nenhuma maneira.
— Parece que não.
— Ele não tem pois suficiente ser para ser um; porque então ele seria e participaria do ser. Parece, ao contrário, que o Um não é um, e que não é, se fiarmo-nos em nosso raciocínio.
— É o que eu temo.
142A — Mas o que não é nada pode ter, já que não é nada, alguma coisa que seja para ele ou dele?
— Como o poderia?

— Não há, portanto, nenhum nome para designá-lo, e não se pode nem defini-lo, nem conhecê-lo, nem senti-lo, nem julgá-lo.
— Evidentemente não.
— Não é nem nomeado, nem expressado, nem julgado, nem conhecido, nem dele se pode ter uma sensação.
— Parece que não.
— É então possível que tais coisas se dêem quanto ao Um?
— Para mim é impossível.

COMENTÁRIOS

Conclui agora Parmênides que o Um não é temporal, não pertence à temporalidade. Que o tempo é a medida do movimento, era já aceito na filosofia grega, sobretudo depois de Platão. Ademais, o tempo é simultâneo com o movimento. Se permanecermos na classificação aristotélica das mutações, vemos que ele é simultâneo com elas, pois a geração e a corrupção implicam o tempo, como o implicam o aumento e a diminuição, a alteração e o movimento (local). Por ele, mede-se o movimento e também a sua duração.

Se o Um fosse medido pelo tempo, seria corpóreo, o que não é. E sendo corpóreo, seria medível pelo tempo. Esta conversão permite-nos compreender que o tempo é da corporeidade. Mas os seres incorpóreos, quando são passíveis de sofrer mutações, também seriam medidos pelo tempo. Em nossos comentários à "Física" de Aristóteles, temos oportunidade de examinar mais amplamente este tema de tanta importância, sobretudo em suas repercussões no pensamento científico, o que não conviria fazer aqui, pois tratamos apenas da argumentação parmenídica.

Se o Um fosse medido pelo tempo, argumenta Parmênides, poderia ser mais velho, ou da mesma idade, ou mais jovem. O fundamento de sua argumentação está na compreensão da relação de igualdade e de semelhança que ele toma fora de seus fundamentos reais.

Uma relação é real se os termos relacionantes são reais. Se o Um fosse de idade igual a si mesmo, haveria uma relação entre ele e si mesmo, o que o tornaria dois e não Um. Portanto, considerando assim, não pode ter uma idade igual à sua idade. Ademais, participaria da igualdade e da semelhança, na maneira de ver de Parmênides, cuja improcedência já foi demonstrada.

Não pode ser mais velho, nem mais jovem, nem da mesma idade com o que quer que seja, pois se assim fosse participaria da igualdade e da semelhança, o que já foi descartado.

Dadas essas impossibilidades, que são meramente lógicas, seguindo a dialética parmenídica, o Um não pode estar no tempo, porque, do contrário, tornar-se-ia mais velho que ele mesmo, pois, em cada momento que se seguisse, aumentar-se-ia a sua idade. E dizer mais velho, é dizer mais velho que alguma coisa, a qual — mais jovem. Como poder-se-ia dizer que algo é mais velho sem que o seja em relação a algo? E se ele tornasse mais velho que si mesmo, algo nele tornar-se-ia mais jovem, para poder dar-se a relação.

Se se dá uma diferença, uma é mais velha em relação à mais jovem; portanto, tornando-se mais velho que si mesmo, tornar-se por sua vez mais jovem, pois o que se torna mais velho, torna-se tal em relação ao que permanece mais jovem.

Conclui-se que tudo que está no tempo é:

1) sempre da mesma idade;
2) mais velho que si mesmo;
3) mais jovem que si mesmo.

O que se torna mais velho, pelo aumento do tempo, implica o mais jovem. Mas, por sua vez, o que se torna mais velho e mais jovem, tomado em absoluto, permanece sempre na mesma idade. Consequentemente, o que se dá no tempo participa, no sentido parmenídico, desses três estados, dos quais não participa o Um, o que leva a afirmar que o Um não está no tempo.

A Participação Temporal

Não participando o Um de modo algum do tempo não tem ele um passado, nem um presente nem um futuro. Ele é, pelo menos, intemporal.
Como é possível participar do ser de outro modo senão no tempo? Pergunta Parmênides. Vê-se como ainda predomina no seu pensamento a esquemática física dos gregos. Ser, para ele, é ser temporal. Quando ele diz: "Então o Um não participa do ser de nenhum maneira" (*Oùdamôs ara to én oùsias metéxei*) refere-se à *ousia*, que corresponde à *substantia* dos latinos, o que constitui o ser ôntico da coisa e também a sua essência, como substância segunda, como forma. O Um não tem uma realidade fáctica (de *factum*, feito), não é um ser feito, pois tais seres participam do ser (*ousia*). Mas, tanto em Platão como em Aristóteles, a *ousia* é o que se opõe, *to mè enai*, ao não-ser. Se o ser não é substância (*ousia*) seria um não-ser.
Mas essa oposição indica apenas que não se pode predicar ao Um a substância, não ainda que se possa predicar-lhe a não-entidade. Ademais, reconhece Parmênides, que essa argumentação é válida dentro do que até então foi exposto, "se fiarmo-nos em nosso raciocínio"; ou melhor, se merecer fé esse nosso modo de argumentar. Há, aqui, a *pistis*, a confiança, a fé, e o verbo usado por Platão é *pisteuô*, confiar.
É de máxima importância essa passagem, pois deixa Platão em aberto a argumentação de Parmênides, negando-lhe, desse modo, ao atribuir-lhe tais palavras, a convicção da apoditicidade desejada.
O Um é o Ser Supremo e não é substância, como foi mostrado e demonstrado em *Filosofia Concreta*, nem o era para Platão. Mas

Parmênides sempre argumenta, considerando o Um como uma substância facticamente existente, e, se tal fosse, estaria no tempo, o que já foi rejeitado. Conclui, então: Não é ele um ser, é um não-ente (*to mé on*). Portanto nada tem, nada é, não há nome para designá-lo, não cabe numa definição, não pode ser sentido nem julgado.

Mas é impossível que o Um seja não-ente; em suma, nada. Essa impossibilidade é também aceita por seu companheiro.

A situação é extraordinariamente aporética, e, por isso, propõe Parmênides retornar, para um novo exame das argumentações propostas.

PARMÊNIDES

(Continuação)

Segunda Hipótese: Se o Um É

B — Queres agora que voltemos atrás e retomemos a hipótese desde o seu início, para ver se um novo exame nos daria outros resultados[37]?
— Certamente que o quero.
— Colocamos a existência do Um, e declaramos aceitar quaisquer que sejam as conseqüências que daí resultam para o Um. Não estás de acordo?
— Sim.

---

37. "O Parmênides de Platão distingue o Primeiro Um, que é o Um no sentido eminente; o segundo, que chama de Um-Múltiplo; o terceiro, Um e Múltiplo. Assim, pois, ele também está de acordo com a teoria das três naturezas". (Plotino, Enêades, V, I, 8, 490 a). A primeira hipótese tratará pois do Inefável; a segunda da Inteligência; a terceira, da Alma. Sobre os pormenores dos sistemas, cf. Proclo (Cousin, 105 e seguintes) (Diès).

— Portanto, eu recomeço: presta-me bem atenção. Se o Um existe, seria possível que ele não participasse do ser?
— Não; tal é impossível.

c — O ser será pois o ser do Um, sem ser idêntico ao Um; em outras palavras, o ser não seria ser do Um, e o Um não participaria do ser, e seria o mesmo dizer o *Um* é, ou o *Um* é *Um*. Ora, a nossa hipótese atual não é: se o Um é um, que deve daí resultar? Mas sim: se o *Um* é, que deve daí resultar? Não é isso?
— Perfeitamente.
— Portanto, o é significa para nós outra coisa que o Um?
— Necessariamente.
— Assim, quando empregamos esta fórmula, concisa: o Um é, não é como se disséssemos que o Um participa do ser?
— Absolutamente.
— Voltemos, pois, à pergunta: se o Um é, que daí resultaria? Examina, pois se a nossa hipótese não significa necessariamente que o Um, sendo o que é, deve ter partes.
— Como é isso?

d — Eis: o "é" se diz do que é, e um, do ser que é um. Ora, o ser e o Um não são idênticos; só o seu sujeito é idêntico; isto é "O Um que é", como o colocou a nossa hipótese. Não há, inevitavelmente, um todo, o Um que é, do qual se tomaram partes desse todo, em primeiro lugar o Um e depois o ser?
— Necessariamente.
— Mas chamaremos cada uma dessas partes simplesmente parte, ou, então, é preciso dizer que a parte é parte do todo?
— Parte do todo.
— Então, o que é Um, é um todo e tem partes?
— Certamente.

e — Pois bem, cada uma dessas partes do Um que é, a saber o Um e o Ser, são cada uma deficientes? Não faltaria o Um à parte, que é o ser, e o ser à parte, que é Um?
— É impossível.
— Portanto, cada uma das duas partes contém ainda o Um e o ser, e a menor parte é também composta de duas partes, e, em virtude do mesmo raciocínio, prosseguindo infindamente nele, toda a parte que se forma, contém sempre essas duas partes: o

[170]

Um contém sempre o ser, e o ser sempre o Um, e conclui-se necessariamente daí, que cada um é sempre dois, nunca um[38].
— É totalmente exato.
143A — Dessa maneira o Um, que é, será então uma pluralidade infinita.

---

[38]. Plotino, em seu estudo sobre as Categorias, aplica este texto às relações do movimento e do ser: "Se se separa um do outro, no ser se retirará o movimento e, no movimento, o ser; é assim que, no "Um que é", cada um dos termos (Um e ser), tomado à parte, continha o ser" (Enêades VI, II, 7, 601 a). Bouille (III, 215) não viu a alusão, e sua tradução permanece vaga. (Diès).

COMENTÁRIOS

Continua Parmênides o exame do juízo "*o Um é*". Ser significa outra coisa que Um, porque o múltiplo também é. Ao dizer-se, pois, que o *Um* é, afirma-se que o Um participa do ser. Essa afirmativa é absolutamente certa para seu interlocutor. Examina então o juízo "*o Um é*". O *é* se diz do *Um que* é; e um, do ser que é Um. É evidente, então, que *ser* e *um* não são formalmente idênticos, mas apenas se identificam no *suppositum*, no sujeito, *o Um que é*.

Neste caso, estamos em face de uma totalidade, que é composta do Um e do ser, e, consequentemente, o um e o ser são partes dessa totalidade.

Ora, tais partes são partes de um todo, e o *que é Um*, é um todo e tem partes. Tomadas em si, são essas partes deficientes, se o ser faltar ao um enquanto tal, e o um faltar ao ser enquanto tal. Ora, não podendo dar-se tal coisa, cada uma dessas duas partes da totalidade (ser e um) contém, por sua vez, o outro; assim o um, que é parte, contém o ser, e o ser, que é parte, contém o um. Neste caso, cada um é sempre dois, e não um.

E levada avante a análise, verifica-se que, cada parte dessa parte, é, por sua vez, dois, pois o um e o ser, que compõem a parte um da totalidade, se dividem; o um em um e ser, e o ser, em ser e um, e haverá, então, uma pluralidade infinita.

Sophisma Suppositionis

É que Parmênides raciocina sempre, para analisar o Um eminente, o Um que é o Ser Supremo, com o Um-múltiplo e o Um-e-múltiplo das coisas finitas. Basta atentemos para a nítida compreensão da unidade, como tivemos ocasião de expor acima, para que se verifique, de uma vez por todas, que o pensamento parmenídico, aqui exposto, é sofístico, pois confunde as instâncias, ou, para empregarmos uma expressão lógica, emprega as várias *suppositiones* (*accepções*) do conceito de *um*, univocamente, o que é um *sophisma suppositionis*. Assim, para simplificarmos, cometeria igual sofisma, quem empregasse o termo *idéia*, ora no sentido (acepção) representacionista, ora no sentido eidético-ontológico, da ordem do ser. Dessa forma, as premissas precisariam ser distinguidas, o que subdistinguiria as conclusões.

Assim, se dissesse: o Um eminente, que é Um, o Ser Supremo, é idêntico a si mesmo e, neste caso, há perfeita identidade entre *um* e *ser*. Mas, se se trata de *um* finito, como a unidade desta mesa, este participa do ser, e não é aquele *que é*. Toda a argumentação de Parmênides está assim viciada. Mas é mister que jamais esqueçamos que há uma finalidade no diálogo, que pretende mostrar que aqueles que combatem o Um parmenídico, também não encontram razões muito poderosas a seu favor. Se o diálogo termina aporeticamente, não esqueçamos que essa situação é a nota dominante dos diálogos platônicos.

A Aporética e a Filosofia

Antes de prosseguirmos, cabe aqui outros comentários, que são importantes. Se observarmos o desenvolvimento da filosofia no

Oriente, como entre hindus e chineses, notamos desde logo não oferecerem as suas obras solução para as aporias. Os orientais, por nós tantas vezes considerados como tendentemente coletivistas, são, no setor religioso, como no filosófico, eminentemente individualistas, enquanto os chamados ocidentais, que são eminentemente individualistas no setor histórico-social, são coletivistas no setor da filosofia e da religião. Enquanto no Oriente, o pesquisador deve prosseguir sozinho o seu caminho (o seu *Tau*, para os chineses), em busca da verdade, pois o mestre apenas lhe aponta a vereda, mas não lhe oferece a solução, o que leva a filosofia tornar-se esotérica; no ocidente, o mestre é um guia, que acompanha até a última meta, e jamais abandona o pesquisador, pois ambos seguem juntos em busca do resultado final, e, por esse motivo, a filosofia torna-se exóterica, pois é *publicada* toda a experiência do mestre.

Vemo-lo nas palavras de Confúcio (apenas para exemplificar), quando diz não admitir como discípulo senão aquele a quem, dada apenas uma quarta parte do que deseja expressar, é capaz de revelar a si mesmo as três quartas partes restantes. O mestre não diz tudo, apenas sugere, apenas aponta. Pelo menos é o que ressalta da obra exotérica desses pensadores, o que nos demonstra que os exames mais profundos e as especulações mais demoradas eram realizadas secretamente, esotericamente. E que há especulações profundas no pensamento dos povos orientais pode-se comprovar por certas afirmativas, que não poderiam ser formuladas senão após longas especulações. Este é um tema que pretendemos desenvolver, creditando-lhe inúmeras contribuições no intuito de desvanecer um preconceito, muito ocidental, de que só no ocidente se é, e se foi capaz de fazer filosofia.

O Iniciático em Platão

Platão era um iniciado, e revela o espírito iniciático em seus diálogos. A situação aporética em que deixa o leitor é um sinal.

Ele sabia quais as soluções. Mas há aquelas verdades que só se transmitem de ouvido para ouvido, expressões tão contumazmente usadas pelos pensadores orientais, e que, em Platão, também estão implícitas. Quando Sócrates procura *levar à rua* a filosofia, (o que Nietzsche interpretou como um "vulgarismo" e, por isso, o abominava), era movido por um intuito muito justo. Convém não esquecer que Sócrates era um pitagórico, mas de um grau não pertencente aos pitagóricos menores. E um dos mais anelados desejos de Pitágoras era que a sua ordem, embora iniciática, tornasse cada vez mais acessível ao maior número as conquistas que haviam sido obtidas através das longas especulações, realizadas pelos filósofos da escola. Se no período de Crótona, houve um iniciatismo pitagórico, não havia da parte do mestre o desejo de continuá-lo nos graus inferiores com o rigorismo que então se observava. Apenas era uma tomada de posição, que as circunstâncias histórico-sociais exigiam, mas que deveria ser modificada, logo que fosse possível levar ao maior número os estudos filosóficos e científicos. Basta que se preste atenção às condições histórico-sociais da Magna Grécia e da península helênica, e o período de invasões persas, para que compreenda que muitas das idéias fundamentais dos pitagóricos não poderiam ser levadas ao maior número, pois colocavam-se em oposição a um conjunto de idéias, que formavam as bases da esquemática política e social da época. Não esqueçamos que a Grécia é rica de perseguições aos seus filósofos, e as sofridas por Empédocles, Anaximandro, Sócrates, Platão e Aristóteles, para citar apenas os mais famosos, são exemplos eloqüentes das dificuldades que encontrava o pensamento filosófico para exteriorizar-se, como o desejavam os seus principais cultores. Não é de admirar, portanto, que muita conquista do pensamento permanecesse esotérica, o que cabe à exegese moderna revelar.

Complementando o que acima dissemos, pode-se observar que, do Renascimento para cá, há uma tendência, no ocidente, cada vez maior, de tornarem exotéricas, tanto quanto possível, as conquistas do pensamento. O ocidental, tão acusado de individualismo, procura comunizar, socializar o pensamento, e o mestre, no ocidente, é um companheiro, um verdadeiro *socius* do discípulo, cujas lutas e dificuldades ele procura aminorar e abrandar.

PARMÊNIDES

(Continuação)

— Considera ainda a questão de outro modo.
— De que modo?
— Nós dissemos que o Um participa do ser, e que por isso ele é.
— Sim.
— É precisamente por isso que o Um, que é, apareceu-nos múltiplo.
— É exato.
— Mas o próprio Um, que dissemos participar do ser, se o consideramos pelo pensamento apenas e em si mesmo, separadamente desse ser, do qual ele participa, aparece-nos como simplesmente Um, ou esse Um nos apareceria como múltiplo?
— Como Um, ao menos, no meu entender.
B — Vejamos então; outro é necessariamente o seu ser, outro ser ele mesmo, pois o Um não é o ser, mas somente Um, que, como tal, se disse que participa do ser.
— Necessariamente.

— Se então outra coisa é o ser, outra coisa o Um, não é, pois, a sua unidade que faz o Um ser diferente do ser. Não é a realidade de seu ser que o faz ser outro que o Um, é diferente e é o outro que os diferenciam mutuamente.
— Certamente
— De sorte que o diferente não é idêntico nem ao Um nem ao ser.

c — Mas suponhamos que tomamos, por exemplo, entre os três, ou o ser e o diferente, ou o ser e o Um, ou o Um e o diferente.[39] Será que, em cada uma dessas escolhas, nós não tomamos duas coisas que podemos a justo título, chamar um par?
— Como?
— Ouça: pode dizer-se "ser"?
— Pode-se.
— Sim.
— Não expressamos assim cada um deles?
— Sim.
— Mas dizer "ser" e "Um", não é enunciar o par?
— Absolutamente é.

D — Mas quando digo "ser" e "diferente", ou "diferente" e "Um", não me refiro, em cada enunciação ao par?
— Sim.
— Mas duas coisas que chamamos justamente de par podem elas ser um par, e não ser duas?
— É impossível.
— Mas onde há duas coisas, é possível que cada uma não seja uma?
— De forma alguma.
— Então, já que cada um desses grupos compreende duas coisas juntas, cada uma delas é uma.
— Evidentemente.
— Mas se cada uma delas é uma, se acrescentarmos a uma delas qualquer coisa que seja, não importa qual, o todo não se tornará três?

---

39. Essa comparação dos termos "ser, idêntico, diferente", será retomada no Sofista (255/6) para estabelecer a "comunidade dos gêneros". (Diès)

— Sim.
— Mas três não é ímpar; e dois, par?
— Sem dúvida.
E — Mas onde há dois, não há, necessariamente duas vezes, e onde há três, três vezes, pois dois é composto de duas vezes um; e três, três vezes um?
— Necessariamente.
— E onde há "dois" e "duas vezes", não há também necessariamente duas vezes dois: e onde há "três" e "três vezes, não há três vezes três?
— Sem dúvida.
— Mas onde há três por duas vezes, e dois por três vezes, não há necessariamente duas vezes três, e três vezes dois?
— Necessariamente.
144 A — Haverá, então, números pares múltiplos de pares; ímpares, múltiplos de ímpares; ímpares múltiplos de pares, e pares, múltiplos de ímpares.[40]
— É exato.
— Se, pois, é assim, crês tu que existe algum número cuja existência não seja necessária?
— Não o creio de modo algum.
— Por conseguinte, se o Um é, é necessário que o número também seja.
— Necessariamente.
— Mas onde o número é, há pluralidade e uma multiplicidade infinita de seres; pois não podes negar o número, assim engendrado, não seja multiplicidade infinita e não participe do ser?[41]
— Não o creio plenamente.
— Mas se todo número participa do ser, não participará dele cada parte do número?
— Certamente.

---

40. Cf. Euclides VII, definições 8-11. Um número pode ser o produto de dois números pares (número parmente par), ou de dois números ímpares (número imparmente ímpar). Se um de seus fatores é par e o outro, ímpar, o número será, conforme a ordem de seus fatores, parmente ímpar ou imparmente par. Os editores modernos suprimem, em Euclides, esse último (def. 10). Mas o "Parmênides" nos prova que era habitual nos tratados de aritmética. (Diès)

41. Em que sentido pode-se dizer que o número é infinito? Os neoplatônicos tentaram, aqui ainda, conciliar Aristóteles e Platão. Cf. Plotino, Enêades, VI, 2 e 17; Damáscio, Ruelle, II, 82-83, Chaignet, pág. 269-273. (Diès)

COMENTÁRIOS

Estabelecido que o Um participa do ser, conclui Parmênides que é ele múltiplo, pois é o Um que participa do ser. Sendo distinto do ser, não é a unidade do Um que dá realidade ao seu ser e o faz diferente de o ser. Nem tampouco é a realidade de seu ser, que o faz ser diferente de o Um. Nele, ser e um se diferenciam mutuamente. Ora, o diferente, que há aí, não se identifica com o Um, nem com o ser. Temos então três: Um, ser e diferente. Dizer-se *ser* e *Um* é enunciar um par. E também quando se diz *diferente* e *Um*. Se há um par, há duas coisas. Mas se há duas coisas é que cada uma é uma. E se acrescentamos a cada coisa, que é uma, outra coisa, temos três, pois temos uma coisa, outra coisa e a terceira, que é acrescentada. Mas três é ímpar. Onde há dois, há duas vezes; onde três, três vezes um. E prossegue Parmênides para demonstrar que há inúmeros ímpares, múltiplos de ímpares; e ímpares, múltiplos de pares; e pares, múltiplos de ímpares, o que matematicamente é evidente.

Consequentemente, não há nenhum número que não seja necessário, e por ser o Um necessário, também o é o número. Mas número implica multiplicidade, pois onde ele há, há pluralidade, uma multiplicidade infinita. E esse número, assim engendrado, será multiplicidade infinita e participa do ser, pois não se lhe pode predicar o nada. E se todo número participa do ser, a parte que o compõe também dele participa, o que é evidente.

A idéia de número implica o numeroso, implica, portanto, no mínimo, dois. O Um não é número, se tomado enquanto tal. Mas a razão do número é o um, e consequentemente, o fundamento do número é a indivisibilidade, porque o um é indivisível. A adição dos números não é infinita em ato, mas em potência; por isso o número é multiplicável *in infinitum*, como a magnitude é divisível *in infinitum*, não em ato, ambos, mas em potência. Mas, sob o aspecto formal, a divisibilidade não é *in infinitum*, mas só sob o aspecto quantitativo.

Da mesma forma que nas partes anteriores, todo o pensamento de Parmênides permanece sofístico, embora a sua finalidade seja a de mostrar que maiores serão as aporias em não se aceitar o Um do que em aceitá-lo, o que é um argumento válido, enquanto nos colocamos no aspecto econômico da aporética. Uma hipótese, que menores aporias oferece, é, sob o ângulo aporético, de maior valor que outra que as multiplica. É essa a razão que nos leva a considerar a aporética uma nova disciplina filosófica, sobre a qual um dia nos debruçaremos, a fim de delimitar seu âmbito e função.

PARMÊNIDES

(Continuação)

B — A realidade foi, pois, repartida entre todos os numerosos seres que existem, e dela não está privada nenhum, nem o menor nem o maior. É mesmo um absurdo colocar tal questão, não é? Pois, como a existência poderia faltar a qualquer ser, que é maior ou menor?

— Não poderia de nenhuma maneira.

C — Ela, então, foi dividida em partes tão pequenas e tão grandes quanto possível, em partes de toda espécie. Ela foi dividida mais do que qualquer outra coisa do mundo, e há uma infinidade de partes do ser.

— É verdade.

— Nada tem, pois, mais partes do que o ser.

— Nada, seguramente.

— Mas entre elas não há alguma que seja parte do ser, sem ser, portanto, uma parte?

— Como seria possível?

— Mas visto que a parte existe, é necessário, creio, que enquanto ela existe, ela é sempre alguma parte, e é impossível que não seja uma.
— É necessário.
— O Um está, pois, ligado a todas as partes do ser e não falta nem à menor nem à maior, nem a nenhuma outra.
— É verdade.
— Mas, sendo Um, acha-se integralmente ao mesmo tempo em muitas coisas? Reflete sobre isto.
— Já refleti, e vejo que é impossível.
— Se ele não é um todo integral, ele é, portanto, dividido, porque ele não pode estar presente, ao mesmo tempo, em todas as partes do ser, senão dividindo-se.
— Sim.
— Ademais, o que é dividido forma, necessariamente, tantos seres quantas partes têm.
— Necessariamente.
— Nós erramos há pouco ao dizer que as partes, nas quais o ser se distribui, eram o que há de mais numeroso. Seu parcelamento não ultrapassa o ser do Um; ele lhe é, ao contrário, segundo parece, exatamente igual, porque nem o ser está ausente do Um, nem do ser; são duas coisas que sempre e em tudo se correspondem[42].
— Na verdade parece ser assim.
— Não é somente ao Um que pertence a multiplicidade, mas o Um em si, que o ser distribui, é, por isso, necessariamente, também múltiplo.
— Sem nenhuma dúvida.

---

42. Aristóteles ensinará, também, à sua maneira, esse paralelismo do ser e do Um: quantas espécies tem o Um, tantas tem o ser (1003 b, 33); o ser e a unidade são uma só e mesma natureza; não seguem um sem o outro (ib., 23), e etc. Plotino dirá: toda realidade deve seu ser ao "traço" que o Um deixa nela (Enêades, V, V, 5, 524 b). (Diès).

COMENTÁRIOS

Se o número é, e o número nas coisas é, havendo numerosos números, há numerosos seres que existem. E todos têm realidade, seja esta maior ou menor. Não se lhe pode negar a realidade. E como a divisibilidade da magnitude é *in infinitum*, e a multiplicidade também, podemos considerar as partes tão pequenas quanto possível, mas sempre reais. Portanto nada tem mais partes que o ser. E cada parte do ser é uma parte do ser, e é, portanto, *uma*. Deste modo, o Um está ligado a todas as partes do ser, quer sejam maiores ou menores.

Até aqui Parmênides argumenta com o *um*, como fundamento do número, ou seja a unidade (*unitas*). Mas agora salta para o UM, como ser Ser Supremo. E é ele que pergunta: E se essas partes são Um, acha-se este integralmente em muitas coisas. Se ele não é um todo integral, está dividido. E se está, ao mesmo tempo, em todas as partes do ser, ele está dividido, pois está aqui neste, ali naquele, etc. E o que é dividido, tem partes e tais partes têm ser.

Mas a divisibilidade do que é, não ultrapassa ao Um. Neste caso, o um não está ausente do ser, nem o ser do um. E como na multiplicidade das partes há o um, tal demonstra que o um é necessariamente múltiplo.

Reflete-se, aqui, a aporia do espírito humano ante o um-múltiplo. A multiplicidade pode-se compreender, até um certo momento, como numerosos uns que a constituem, ou seja, como uma multiplicidade de unidades. Mas essas unidades são, por exemplo, outras multiplicidades formalmente umas, como o é o átomo, que é formalmente um, mas múltiplo em seus elementos. Levada avante a análise, conclui-se, como o fez posteriormente Aristóteles, que a unidade é formal, pois o que é múltiplo materialmente pode ser um formalmente. A divisibilidade de uma coisa limita-se à sua forma, a qual é indivisível. Assim o ferro pode ser quantitativamente dividido, mas chegará um momento em que as suas partículas não serão mais ferro. Há um *minimum* do ferro. Há um limite da unidade ferro, que é dada pela forma. O átomo de ferro tem uma forma, mas os elétrons, prótons, etc., que o compõem têm, individualmente, outra. O *ferro* é a forma da composição. Há um momento em que a divisão de uma partícula de ferro deixaria de o ser, quando o átomo de ferro é desintegrado. A unidade é uma, integral. E levada avante a análise, dever-se-á alcançar a uma unidade de ser simples, em que seu existir e seu ser, ou, em suma, sua existência e sua essência identificar-se-iam. Estamos, aqui, no pensamento monista. A última unidade, fonte e origem de todos os entes, é o Um, que é formalmente ele mesmo: *matéria* para os materialistas, *energia*, para os energistas, *deus*, para os panteístas.

Monas

Haveria, assim, partículas de unidade desse ser primeiro. Em outras palavras, esse ser primeiro (*Monas*) será divisível em partículas. E eis que ao aceitarmos essa divisibilidade, caímos na sua composição, pois então ele seria atualmente um, sob um aspecto, e virtualmente múltiplo; e quando atualmente múltiplo, virtualmente um e único.

Nessa condições, poderíamos alcançar outra situação: a da aceitação de um atomística adinâmica. O Um seria constituído de inúmero átomos (não o átomo da ciência atual, que é composto, mas o dos filósofos, absolutamente simples em sua natureza). Mas tais átomos levar-nos-iam a todos os absurdos da atomística adinâmica, cuja invalidez demonstramos em *Filosofia Concreta*.

O monismo termina por ser pluralista para poder explicar a heterogeneidade e, consequentemente, torna-se absurdo.

O espírito humano não pode captar a unidade sem a multiplicidade, parece ser a conclusão que se tira da exposição de Parmênides. Mas é na solução desse problema que gira realmente a filosofia e as soluções são sempre aporéticas, pois negar o múltiplo, para afirmar o um, levou Parmênides a muitas dificuldades; afirmar o múltiplo para negar o um, como se pretende afirmar que é o pensamento heracliteano, leva também a aporias.

A solução apresentada é vária: temos a de Platão, que é a solução dada pela teoria da participação, e de Aristóteles, que é a da composição de forma e matéria.

PARMÊNIDES

(Continuação)

— Entretanto, já que as partes são as partes de um todo, o Um é consequentemente limitado enquanto todo; pois não se admite que as partes estão contidas no todo?
— Elas estão nele necessariamente.
— Mas o que as prende é um limite.
— Sem dúvida.
— Por conseqüência, o Um que é, será, aparentemente, um e múltiplo, todo e partes, limitado e ilimitado em quantidade.
— Aparentemente.
— E, já que ele é limitado, não tem também extremidades?
— Necessariamente.
— E se ele é um todo, não tem também um começo, um meio e um fim? Ou pode existir um todo sem estas três coisas? Se lhe faltar qualquer uma delas, ainda poder-se-ia chamá-lo um todo?
— Não se poderia.

— O Um, portanto, tem, pelo que parece, um começo, um fim e um meio?
— Certamente.
— Ora o meio está a igual distância das extremidades; de outra forma não seria o meio.
— Não, com efeito.
— Assim sendo, o Um participará também, parece, de uma certa figura reta, ou redonda, ou mista.
— É de se admitir.

COMENTÁRIOS

A aceitação do monismo leva a uma seqüência de aporias insolúveis, como mostramos no comentário anterior. O monismo termina no pluralismo, e este é absurdo, como o mostramos em *Filosofia Concreta*. Parmênides vai, daqui por diante, revelar as aporias que o pluralismo gera inevitavelmente, porque, desde o momento que se atualiza excessiva e unilateralmente o Um, o múltiplo reponta com energia, para anular aquele excesso, como o vimos há pouco. Por outro lado, a afirmação excessiva e unilateral do múltiplo, faz repontar com energia a exigência do Um. E nesse balancear, de uma aporia para outra, o espírito humano não encontra a solução desejada.

Volvamos ao diálogo para corroborar, com ele, o que foi dito até aqui. Se as partes são partes de uma totalidade, o Um é consequentemente limitado enquanto totalidade, pois teria partes. Mas, tais partes estão unidas, e o que as prende é um limite. O Um é, consequentemente, um e múltiplo, limitado por partes e ilimitado pela contiguidade destas.

Parmênides agora separa os conceitos. Se é limitado, tem extremidades. Sendo o um uma totalidade, tem começo, meio e fim. Ora, o meio está à igual distância das extremidades (começo e fim), do contrário não é meio. E, neste caso, o Um teria uma figura, teria fronteiras, seria quantitativo, o que se viu que não era.

As conclusões valem o que valem as premissas. Dadas as premissas postas por Parmênides, as conclusões seguem rigorosamente aquelas. A via por ele usada é a do exame conceitual, e os conceitos são separados pela razão ao construi-los. São como etiquetas de classificação. Não realiza ele, porém, o exame rigorosamente ontológica dos conceitos, não antropologicamente construídos, mas ontologicamente visualizados, como fizemos em *Filosofia Concreta*. Para nós, está aqui a razão fundamental das grandes dificuldades que surgem na filosofia. O conceito e o *eidos* se distinguem. O primeiro tem uma origem humana, e obedece a uma lei de economia do espírito, que classifica para melhor compreender as coisas. O *eidos* é o *logos* ontológico da coisa. Por esse motivo é que a razão, na análise, tende à separação e a à criação de abismos entre os conceitos. Daí o ímpeto de excludência que se manifesta no conceituar racional. Parmênides revela-o quando separa *um* e *ser*. O conteúdo noético do *um* é diferente do conteúdo noético de *ser*. Mas quando se analisa, pelos cânones da filosofia concreta, procurando o *logos* do *eidos*, fundando-o apenas ontologicamente, vê-se que as separações são nossas e não se dão na ordem do ser, pois jamais falta o que analoga, o que unifica e até identifica todos os *eide*. O eidos de *um* não é separado do eidos do *ser*, como o *eidos* que é um e também ser. As distinções são formais e não reais-reais. A razão humana tende a separar, porque sofre a influência da esquemática sensível, que vê as coisas separadas, (este livro aqui está separado daquele outro). Mas, na ordem do ser, a separação é relativa e não absoluta. E o caminho da análise ontológica, que nos oferece a filosofia concreta, evita esse separação pois não há rupturas no ser. Daí a compreensão dialética dos pares de contrários, que são por ela transcedidos. Assim o limitado é inseparável do ilimitado, e se, pela razão, os conceitos racionais de limitado e ilimitado são separados, já não o são pela dialética concreta, que decorre da nossa orientação filosófica. Limite-ilimite distinguem-se formalmente, como se distinguem finito-infinito, fazer e ser feito, etc. Mas essa distinção não é meramente ideal (do homem). Não é apenas a nossa mente que realiza abissais. Temos aí mais um fundamento em favor da posição escotista, que postula a distinção formal *ex natura rei*, isto é, fundada, não na mente humana, mas na razão de ser das coisas.

E o fundamento ontológico da distinção formal escotista está na impossibilidade de rupturas no ser, o que provamos apoditicamente em *Filosofia Concreta*.

Assim, a análise ontológica não é separadora, mas, sim, postuladora de distinções, enquanto a análise racional, sob a influência da esquemática humana, tende a separar. Eis a razão por que o racionalismo permanece sempre aporético.

E é o que se verifica através desta passagem.

PARMÊNIDES

(Continuação)

— Não estará ele, nesse caso, em si e em outro que ele?
— Como?
— Cada parte, pode-se dizer, está no todo; e não há nenhuma fora do todo.
— É verdade.
— Ora todas as partes estão encerradas pelo todo.
— Sim.

c — Mas se o Um é a totalidade de suas partes, nele não há nem excessos, nem faltas na sua totalidade.
— Com efeito.
— Ora, o todo não é assim o Um?
— Como imaginar o contrário?
— Se então todas as partes se encontram contidas no todo, e se essa totalidade é o Um, do mesmo modo que é o todo, essa totalidade está envolvida pelo todo. É, portanto, o Um que envolve o Um, e, deste modo, o Um é o Um em si.
— Evidentemente.

D — Por outro lado, o todo enquanto tal, não está nas partes, nem em todas, nem em uma dentre elas[43]. Ser em todas, com efeito, forçá-lo-ia ser em uma delas; pois se supusermos que não está em uma, poderia não estar nas outras. E se esta única parte está compreendida em todas as outras, e se o todo não está nela, como estaria ele então em todas?
— Ele não estaria lá de nenhuma maneira.
— Ele não estaria ademais em qualquer uma das partes, porque se o todo estivesse em qualquer uma, o mais estaria no menos, o que é impossível.
— Impossível com efeito.
— Ora, se o todo não está nem em diversas, nem em uma, nem na totalidade, não é uma necessidade que ele esteja em qualquer outra coisa, sob pena de não estar em nenhuma parte?
— É uma necessidade.
E — Ora, se ele não está em nenhuma parte, ele não é nada; mas como ele é tudo, e não está em si mesmo, deve estar necessariamente em outra coisa?
— Necessariamente.
— Portanto o Um, enquanto totalidade, está em outra coisa que ele; mas enquanto a totalidade das partes está em si. Assim o Um é necessariamente em si e em outro qualquer.
— Necessariamente.

---

[43]. "A aporia do todo e das partes" era um lugar comum das discussões dialéticas: cf. Aristóteles, Top. 150 a, 15-21, Física 185 b, 11-14; Sextus, Hipotiposes, III, 98-101, Adv. Math. IX, 331-358 (Diès).

COMENTÁRIOS

Neste caso o Um está em si e em outro que ele, pois, numa totalidade, as partes estão nela encerradas e, sendo o Um uma totalidade, as partes, nele, estão encerradas. Ora, numa totalidade, não há faltas nem excessos, pois a totalidade é a totalidade de suas partes, e nada mais que elas.

Todo o pensamento de Parmênides é exposto de modo extensista, predominantemente quantitativo.

Todas as partes estão contidas no Todo, que é o Um. Mas o Um é o Todo; logo a totalidade está envolvida pelo Todo, que é o Um, e o Um está envolvido pelo Um.

Ora o Todo, enquanto tal, não está nas partes, nem em todas, nem em uma delas. Se estivesse em todas, estaria em uma delas, pois se não está numa, como estaria nas outras, se o Um é a totalidade delas? Não pode estar numa das partes, pois, neste caso, a totalidade estaria numa parte e seria menor que o Todo. Portanto, o Todo não está nem nas diversas partes, nem numa, nem na totalidade. Tem, contudo, de estar em alguma parte, pois se não está em nenhuma, é nada. E como ele é tudo, e não pode estar em si mesmo, como anteriormente se mostrou, deve estar em outra coisa. Daí conclui Parmênides que o Um, enquanto totalidade, está em outra coisa que ele, mas necessária ente em si e em outro qualquer.

Todo o raciocinar de Parmênides é racionalista e sofre dos defeitos que advêm do uso da razão, quando não é ontologicamente conduzida por normas da filosofia concreta. O todo é quantitativamente o conjunto das suas partes. Uma totalidade meramente quantitativa forma uma unidade de ordem, ou de agregação, ou por acidente. Mas o Um não é uma unidade igual às acima citadas. E, de qualquer modo, a totalidade é distinta das partes que a compõem, pois, numa unidade acidental, esta revela uma ordem, uma disposição das partes, que atualiza um todo que se distingue daquelas partes, tomadas isoladamente. Mas a diferença qualitativa da totalidade é evidente, quando há o surgimento de uma nova forma. Aí as partes se virtualizam enquanto tais, para atualizarem a totalidade, como ainda veremos melhor, no fim do diálogo.

O todo, como tensão, como um esquema com coerência e coesão, que revela uma forma, une coactamente as partes, e delas se distingue. Há, aqui, um mais, não, porém, quantitativo, mas qualitativo; por isso a totalidade é sempre qualitativa e especificamente diferente das partes componentes. O Um não é a soma quantitativa das partes e qualitativamente distinto. Esse Um é o Um-e-múltiplo de Platão, que é o das coisas finitas, do *arithmós plethos*, do número de conjunto, o mundo das coisas corpóreas.

PARMÊNIDES

(Continuação)

— Se o Um é dessa natureza, não estará ele necessariamente em movimento e em repouso?
— Por qual razão?
146A — Pode-se dizer que ele está em repouso, desde que está em si mesmo, pois uma é a sua localização; ele permanece no mesmo lugar, em si mesmo.
— É verdade.
— Ora, o que está sempre no mesmo lugar deve certamente estar sempre em repouso.
— Certamente.
— Mas, como? O que está sempre em outro, não seria, por uma necessidade inversa, incapaz de estar sempre no mesmo? Não estando nunca no mesmo, não seria mais imóvel. Não sendo imóvel, será movido, não é?
— Certamente.
— É, pois, inevitável que o Um, eternamente em si mesmo e em outro que ele, seria sempre imóvel e movido.

— É verdade.

B — É preciso ainda que ele seja idêntico a si mesmo e diferente em si mesmo, idêntico também aos outros e diferente dos outros, se é exato o que dissemos.

— Como?

— Pode-se dizer de qualquer coisa em relação a qualquer outra que ela é idêntica ou diferente ou, então, lá onde não há nem diferença nem identidade, há relação da parte ao todo ou do todo à parte.

— Assim parece.

— Neste caso, o Um é parte de si mesmo?

— De nenhuma maneira.

C — Ele não pode, portanto, ser mais o todo de si mesmo, considerado como parte, já que então ele seria parte em relação a si mesmo.

— Não, isto é impossível.

— Seria, então, o Um outro que o Um?

— Não, certamente.

— Será, portanto, diferente de si mesmo?

— Certamente não.

— Se, portanto, ele não é por relação a si mesmo, nem outro, nem todo, nem parte, não é necessário, neste caso, que seja idêntico a si mesmo?

— É preciso.

— Mas, como? O que está além de seu próprio si mesmo, enquanto este permanece estável em si, não é, pelo fato de estar além de si mesmo, outro que si mesmo?

— A mim me parece.

— Assim nos apareceu o Um, tanto em si, como em outro que ele.

— Com efeito.

— Por isto, ao que me parece, o Um seria diferente de si mesmo.

D — Mas então, se uma coisa é diferente de outra, não seria ela outra que aquela que é diferente dela?

— Necessariamente.

— Então tudo que não é Um é diferente do Um, e o Um é diferente do não-um?

— Sem dúvida.
— O Um será, portanto, diferente dos Outros.
— Ele o é.
— Observa: o idêntico, tomado em si, e o diferente não são naturalmente contrários?
— Sem nenhuma dúvida.
— Será que o idêntico consentiria em residir no diferente ou o diferente no idêntico?
— Ele não consentiria tal coisa.
— Se, portanto, o diferente não pode estar nunca no idêntico,
E não há nenhum ser em que o diferente possa estar por um tempo qualquer. Por pouco tempo que estivesse num ser qualquer, todo esse tempo, com efeito, é no idêntico que estaria o diferente. Não é?
— Sim.
— Se o diferente não está no idêntico, ele não estará em nada do que é.
— Isto é verdade.
— O diferente não estará, portanto, nem nos não-um, nem no que é Um.
— Não, certamente.
— Não é, portanto, pelo diferente que o Um será diferente dos não-um ou os não-um diferentes do Um.
— Não, com efeito.
— Não é, portanto, por si mesmos que terão essa diferença mútua, pois não participam do diferente.
— Quem poderia sustentá-lo?
— Mas se eles não diferem nem por si mesmos nem pelo diferente, a diferença, que se dá entre eles, não desapareceria
147A desde então totalmente?
— Sim, ela desapareceria.
— Mas o que é não-um não participa, ademais, do Um, pois não seria não-um; seria Um de certa maneira.
— É verdade
— Os não-um não seriam ademais inúmeros; pois desta maneira, absolutamente, não seriam não um, desde o momento que tivessem número.

— Com efeito.
— Mas, então, os não-um seriam partes do Um, pois do contrário os não-um participariam do Um?
— Eles dele participariam.
— Se, pois, este é absolutamente Um, e aqueles não-um, o Um não será nem parte dos não-um, nem um modo do qual os não-um seriam partes. Por sua vez, os não-um não seriam partes do Um, nem todos de que o Um fosse parte.
— Não, com efeito.
— Mas nós dissemos, que nas coisas que não estão em relações mútuas, de parte a todo, nem de todo a parte, ou de diferença, haverá identidade[44].
— Sim, nós o dissemos.
— É preciso afirmar também que o Um, que não tem nenhuma dessas relações com os não-um, é idêntico a eles?
— É preciso afirmar.
— Assim o Um, segundo parece, é ao mesmo tempo diferente dos Outros e de si mesmo, e, ao mesmo tempo, idêntico a eles e a si mesmos?
— É claramente o que parece resultar de nosso raciocínio.

---

44. Esse raciocínio "consiste em eliminar três partes da divisão para mostrar a verdade da quarta". Era já bastante criticado pelos antigos, que atacavam tanto o princípio do método como o pormenor das provas, "pois, aqui, Parmênides parece brincar, e até alguns acreditaram nada mais fosse que vã sofística", (Damáscio, trad. Chaignet. III, 27; Ruelle, II, 186). (Diès).

COMENTÁRIOS

Levado pelas mesmas premissas, conclui Parmênides que o Um, quando afirmado, leva a outra aporia: é que ele está em repouso, porque está em si mesmo, e ao mesmo tempo em movimento mas como, por sua vez, está também em outro, não está sempre em si mesmo, e como estar sempre em si mesmo leva a afirmar o repouso, o não estar sempre em si mesmo leva a afirmar movimento. Portanto, não seria, neste caso, imóvel e, sim, naquele. Conclui, daí, que o Um é imóvel, enquanto está em si mesmo, e móvel enquanto está em outro. E se não é imóvel, será pelo menos passível de ser movido. Consequentemente, dados os argumentos apresentados, o Um é sempre imóvel e movido.

À mesma conclusão já alcançara Parmênides na primeira parte, mas por outro caminho. Para ele, o ser-si-mesmo é repousar em si-mesmo, é ser imóvel. Vê-se, desde logo, que não há a precisão dos termos que, posteriormente, graças ao pensamento de Sócrates já adulto, do platonismo legítimo e do aristotelismo, alcançará o espírito filosófico. Aí não se confundirá mais imobilidade com a constância formal, e se compreenderá que o movimento é a transladação local dos seres corpóreos, não cabendo a sua atribuição ao Um.

Prossegue Parmênides afirmando que o Um não pode ser idêntico nem diferente de si mesmo, nem idêntico nem diferente dos outros. Entre duas totalidades, só pode haver ou identidade ou diferença. Onde não há nem diferença nem identidade, é onde há uma relação entre as partes e um todo, porque a parte nem é diferente nem idêntica ao todo.

Inverte ele agora a ordem para afirmar o que segue: o Um nem é idêntico nem diferente de si mesmo; logo ele é parte de si mesmo, o que seria absurdo. Ser o Um outro que o Um, também é absurdo; ser diferente de si mesmo, tal é impossível. Resta, assim, ser idêntico a si mesmo. Mas o Um está além de si mesmo. Consequentemente, é outro que si mesmo; é diferente de si mesmo.

Mas, daí, decorrem os raciocínios seguintes: se uma coisa é diferente de outra, ela é outra que a outra, que é outra que ela; ela é diferente para outra, que é diferente dela.

Ora, o Um é diferente dos outros. Mas o conceito de idêntico é contrário de o diferente. Se o Um é idêntico e diferente dos outros, neste caso, idêntico consistiria no diferente, o que é absurdo; não está em nada, porque não pode estar nem no Um nem no não-um, nos múltiplos. Neste caso, não será pelo diferente que o Um é diferente dos outros. Nem o Um nem os múltiplos participam do diferente. Então, qual é o sustentáculo do diferente?

Se não diferem nem por si mesmos nem pelo diferente, desapareceria totalmente a diferença que há entre eles. O Não-um não participa do Um, pois se tal se desse, deixaria de ser não-um, nem poderiam os múltiplos ser números, e não sendo números, não poderiam ser nem não-um. E se tivesse número, não seriam não-um e seriam, então, partes do Um, pois se não fossem partes é que participavam do Um. E se o Um é absolutamente Um, e os não-um absolutamente não-um, nem o Um será parte dos não-um, nem os não-um partes do Um.

Neste caso, não há relação mútua de parte e de todo entre eles, e se não há, não há diferença e se não há diferença, há identidade. E, neste caso, o Um é idêntico aos não-um, o que leva a concluir que o Um é, ao mesmo tempo, diferente e idêntico aos outros, aos não-um, aos múltiplos.

Toda essa sofística argumentação decorre da pluralidade de *suppositiones* (acepções) do conceito de *um*, o que dá a Parmênides a possibilidade de jogar com conceitos meramente racionais, sem a necessária consistência ontológica exigível.

PARMÊNIDES

(Continuação)

c — Será também ou semelhante ou dessemelhante a si mesmo e aos outros?
— Talvez.
— Em todo caso, já que nos apareceu diferente dos Outros, também não são estes diferentes dele?
— Como?
— Não será diferente dos outros, na medida em que os outros são diferentes dele? Nem mais nem menos?
— Incontestavelmente. E depois?
— Nem mais nem menos, assim parece.
— Sim.
d — Assim a razão que faz que o Um seja diferente dos Outros, e os Outros também diferentes dele, não faz também que o Um seja idêntico aos outros, e os outros ao Um.
— Que queres dizer?
— O seguinte: não se dá a cada coisa um nome?
— Sim.

— Será que ao pronunciar-se um nome uma vez não designas o objeto ao qual pertence este nome, e que ao pronunciá-lo diversas vezes não o designas? Ou então, será que, quando pronuncias uma vez ou diversas vezes o mesmo nome, não designas sempre, necessariamente, o mesmo objeto?
— Sem dúvida.
— Pois bem: o diferente não é um nome que se aplica a alguma coisa?
— Certamente.
E — Assim, quando o pronuncias, quer uma vez, quer muitas, não o aplicas a outra coisa, e o que designas por ele é apenas o objeto do qual ele é o nome.
— Necessariamente.
— Portanto, quando dizemos que as outras coisas são diferentes de o Um, e o Um diferente de as outras coisas, essa dupla enunciação do diferente não tem por efeito transportar o nome a uma natureza nova, ela não designa apenas, uma vez como noutra, essa natureza própria à qual o nome pertence originalmente?
— É completamente exato.
148A — Portanto, já que o Um é outro que as outras coisas, e as outras coisas outras que o Um, em virtude desta diferença característica, o Um e o Outro não tem um caráter diferente, mas um caráter idêntico[45]. Ora, o que tem, de alguma maneira o mesmo caráter é semelhante, não é?
— Seguramente.
— Assim, pelo fato de o Um ser diferente dos Outros, em virtude deste mesmo fato, ele é sempre totalmente semelhante a todos os outros na sua totalidade, pois é, em sua totalidade, e da totalidade deles, que é ele diferente.
— Assim parece.
— Por outro lado, o semelhante é contrário ao dessemelhante.
— Sim.
— E o diferente contrário ao idêntico.

---

45. Sobre este cruzamento de deduções sofísticas, Platão emprega e combina esquemas dialéticos determinados. Cf. pag. 98 (Diès).

— Também é.

B — Ora, nós reconhecemos, pela dedução precedente, que o Um é mesmo que os Outros.
— Nós o reconhecemos, com efeito.
— Mas ser idêntico aos outros, ser diferente dos outros, são caracteres contrários.
— Certamente.
— Ora, apesar de ser diferente, o Um nos apareceu como semelhante.
— Sim.
— Então, enquanto idêntico, ele será dessemelhante, pois que ele estará no estado contrário àquele que o tornou semelhante; pois não é o diferente que o tornou semelhante?
— Sim.
— Portanto, o idêntico o tornará dessemelhante sob pena de não ser mais o contrário do diferente.
— Parece.

C — O Um será, portanto, semelhante e dessemelhante aos Outros, semelhante enquanto diferente, dessemelhante enquanto idêntico.
— É esta, com efeito, uma consequência que parece bem fundada.
— Vamos ver ainda uma outra.
— Qual?
— O que o torna idêntico, torna-o não diverso, o que o torna não-diverso torna-o não dessemelhante e se não dessemelhante, torna-o semelhante. O que o torna outro, torna-o diverso, e, por ser diverso, torna-o dessemelhante.
— Estás certo.
— Então o Um, já que ele é idêntico aos Outros, e já que ele é diferente, por estas duas razões simultaneamente, e por uma e outra separadamente, será ao mesmo tempo semelhante e dessemelhante aos Outros.
— É certo.

D — E já que ele nos apareceu, ao mesmo tempo, diferente e idêntico a si próprio, por estas duas razões simultâneas e por

[205]

uma e outra separadamente, não deve ele nos aparecer, ao mesmo tempo, semelhante e dessemelhante?
— Inevitavelmente.

COMENTÁRIOS

Será o Um semelhante ou dessemelhante a si-mesmo e aos outros. Já mostrou Parmênides que é diferente dos outros e que estes também são diferentes dele. A medida dessa diferença entre o Um e os outros é dada pela diferença dos outros com o Um. A medida pode ser tomada em dois sentidos, extrínseco e intrínseco, mas, de qualquer forma, esse conceito refere-se sempre à quantidade. Afirma Parmênides que se a medida não fosse aquela, eles seriam semelhantes.

Mas eis que surge o sofisma: o que faz que o Um seja diferente dos Outros, e estes diferentes daquele, faz, por sua vez, que sejam idênticos entre si. E argumenta deste modo: a palavra, que pronunciamos para designar uma coisa, sempre se refere ao mesmo conteúdo. Neste caso, o ser diferente é a mesma coisa sempre. E se é o Um, que é diferente dos Outros, ou os Outros que são diferentes do Um todos são diferentes. E o termo diferente assinala um mesmo conteúdo: o de ser diferente. Por serem diferentes, têm um caráter idêntico: o de serem diferentes. Ora, o que tem o mesmo caráter é semelhante. O semelhante é o contrário do dessemelhante, e o diferente, contrário do idêntico. Mas acontece que o Um, sendo diferente, é semelhante aos outros, por ser diferente. E é o diferente que o tornou semelhante; portanto, é o idêntico que o torna dessemelhante, por ser o contrário do diferente. Daí conclui que o Um será semelhante e dessemelhante aos Outros, semelhante enquanto diferente, dessemelhante enquanto idêntico.

O Sofisma da Diferença

Usa e abusa Parmênides de um sofisma. E é fácil verificar. Quando se diz que uma coisa é diferente de outra, é porque certo aspecto, numa, leva para um setor e, noutra, para outro. Diferir, vem *de dis* e *fero*, levar para dois lugares, para duas direções. A diferença é uma relação. Duas coisas, que diferem uma de outra, não são semelhantes consideradas em seu ser, pelo fato de serem diferentes ambas, em relação uma a outra. Há semelhança apenas de uma relação, cujo conteúdo real é, no entanto, diferente.

Entre o Um e o múltiplo (os *outros* de que fala o diálogo), não há diferenças absolutas nem identidade, pois, no primeiro caso, haveria uma ruptura no ser, o que é absurdo, e, no segundo, cairíamos no mais espantoso panteísmo, que nenhum panteísta teve audácia de afirmar.

Se dizemos que o Infinito difere de o finito, e o finito de o infinito, queremos dizer que o Infinito, enquanto tal, é ôntica e ontologicamente um ser que não é o ser, ôntica e ontologicamente, o finito. Na diferença, há uma relação e a relação surge de termos reais, caso contrário ela não é real. O que faz a diferença de um outro não é o mesmo termo real. A semelhança entre ambos, por diferirem de outro, não indica que a diferença é a *mesma* em ambos. Ademais, nenhum ser é apenas diferente de outro, pois o que é diferente apresenta algo de semelhante, não ao ser diferente, mas no que não é diferente. Se dois seres fossem absolutamente diferentes, não haveria entre eles nenhuma semelhança. O que assemelha o Um aos outros não é o que entre eles é diferente, mas o que entre eles é semelhante, o que é revelado pela participação.

No fundo, a argumentação sofística de Parmênides, abre caminho a uma prova em favor do pensamento socrático-platônico, e não contra ele.

Ademais, o semelhante não é um grau de identidade. O que é idêntico o é em toda a sua perfeição absoluta, ou então não é. Não há graus na identidade, mas há graus na semelhança. Se a semelhança aponta alguma identidade, aponta-a formalmente, como já o demonstramos em *Ontologia e Cosmologia* ao estudar a analogia, pois onde há uma analogia há uma univocidade formal, próxima ou remotamente. Mas, pelo simples fato de algo ser semelhante a algo, não se pode, globalmente, falar em identidade entre ambos, como faz Parmênides ao afirmar que o Um e os outros são idênticos por serem semelhantes em algo.

PARMÊNIDES

(Continuação)

— Outra pergunta: o Um está, ou não está em contato consigo mesmo e com os outros? Que será preciso acreditar? Reflete.
— Estou pronto para refletir.
— Nós reconheceramos que o Um parece estar contido em si mesmo, em seu próprio todo.
— Com razão.
— O Um não está também nos outros?
— Sim.

E — Portanto, o estar nos Outros lhe dará contato com os Outros; mas o fato de estar em si mesmo, afastá-lo-á de todos os contatos com os Outros, e ele manterá contato consigo mesmo por estar em si mesmo.
— É o que parece.
— Desta maneira, o Um manterá contato consigo mesmo e com os Outros.
— Manterá contato.
— Mas põe-te no ponto de vista que vou expor. Tudo o que deve tocar qualquer coisa não deve estar colocado perto da

coisa que deve tocar, e ocupar o lugar que vêm após esta, onde se encontra o que toca?

— Necessariamente.

— Por conseqüência, o Um também, se ele deve tocar em si próprio, deve estar colocado imediatamente após si mesmo, e ocupar o lugar pertencente ao lugar onde ele é ele mesmo.

— É preciso, com efeito.

149A — Mas para conseguir tal coisa, é mister que Um fosse dois, para poder encontrar-se em dois lugares ao mesmo tempo; mas como ele é Um, tal lhe é recusado.

— Certamente.

— É, portanto, igualmente impossível ao Um ser dois, e de ter contato consigo mesmo.

— É impossível.

— Ele também não tocará os outros.

— Por que?

— Pois não dissemos nós: o que deve tocar, sem deixar de ser distinto, está constrangido a seguir-se ao que deve tocar, sem que um terceiro qualquer se interponha entre eles.

— É certo.

— Dois é, portanto, o mínimo obrigatório para que haja contato.

— É preciso, sem dúvida.

— Se aos dois termos se junta um terceiro, imediatamente haverá três termos, mas dois contatos.

— Sim.

B — E assim cada vez que se junta um termo, produz-se um novo contato, de maneira que o número dos contatos é inferior de uma unidade à daquelas dos termos[46]. Porque a soma dos objetos, que se pode sucessivamente aumentar, passará além do número dos contatos, na mesma proporção que os dois

---

46. Cf. Aristóteles Anal. pr., 42 b, 1-26: sendo dado que o silogismo regular compreende três termos e somente duas premissas ou intervalos, costuma-se complicar essa forma simples: "o número dos termos sobrepassa sempre, de uma unidade, a das premissas... pois, ao mesmo tempo que se acrescenta um termo, não se acrescenta uma premissa". (Diès).

primeiros termos, ao mesmo tempo que se junta um objeto, junta-se também um contato aos dois contatos.
— É justo.
c — Qualquer que seja o número das coisas, o dos contatos será sempre menor de uma unidade.
— É verdade.
— Mas lá onde há apenas um, onde não há dois, não poderá haver contato.
— É evidente.
— Dissemos, então, que os Outros, diferentes de o Um, não são o Um, e não participam dele, já que são Outros.
— Não, com efeito.
— Então não há número nos Outros, já que neles não se encontra o Um.
— Como o seria, então?
d — Os Outros não são nem um nem dois, e não podem ser expressados por nenhum número.
— Por nenhum.
— O Um é, portanto, o único a ser um, e nele, não pode haver dualidade.
— Evidentemente, não.
— Não há contato no momento em que não há dualidade.
— Não há.
— Portanto, nem o Um toca os Outros, nem estes tocam o Um, já que não há contato.
— Não tocam certamente.
— Assim, por todas estas razões, o Um com os Outros e consigo mesmo, tem e não tem contato.
— Assim parece.
— E, agora, o Um não é também igual e não igual por sua vez a si próprio e aos outros?
— Como?
e — Se o Um fosse maior que os outros, ou menor, e os outros maiores ou menores que o Um, não o seria porque o Um é Um e porque os Outros são outros que o Um, que eles serão, por essas próprias essências, respectivamente maiores ou menores? E, ao contrário, se, além de suas essências respectivas, tem a igualdade, eles serão mutuamente iguais. Que se os primeiros

tem grandeza e o segundo pequenez, ou se, inversamente, o Um tem grandeza e os Outros pequenez, aquela dessas formas à qual se ligará a grandeza será maior, e à qual se ligará a pequenez, a menor?
— Necessariamente.
— Não se pode negar a existência destas duas formas: a grandeza e a pequenez; porque, se elas não existissem, nem seriam contrárias uma à outra, nem viriam a se produzir no ser.
— Como isto poderia ser?

150A — Se a pequenez se produzisse no Um, ela aí estaria, ou no todo ou numa de suas partes.
— Necessariamente.
— Mas suponhamos que se produza no todo. Não é claro que ela se estenderá ao lado do Um, na totalidade do Um, ou envolverá ela o Um?
— Sim, é claro.
— E que a pequenez, estando ao lado do Um, não lhe será igual; mas, envolvendo-o, não será ela maior?
— Sem dúvida alguma.
— Ora, é possível à pequenez ter grandeza igual ou maior que qualquer coisa que seja, e cumprir as funções da grandeza e da igualdade em vez das suas próprias?
— É impossível.

B — Portanto, não é no todo do Um que estará a pequenez; será, no máximo, numa parte.
— Certamente.
— Contudo, não será também integralmente na parte. Senão, ela teria aí os mesmos efeitos que tinha em relação ao todo: em qualquer parte que ela se encontrasse, ela sempre lhe será igual ou maior.
— Necessariamente.
— A pequenez nunca estará, portanto, em nenhum ser, já que ela não se encontra nem em uma parte, nem no todo, e não haverá nada de pequeno, salvo a pequenez em si[47].

---

47. Comparai esse raciocínio ao que demonstra (131 b/e, pág. 61/2) que o sensível não participa, nem em uma parte, nem no todo da Forma.

— Nada, pelo que me parece.

c — A grandeza também não se encontrará aí; porque, do contrário, haveria fora qualquer coisa de "maior", e maior que a própria grandeza, a saber: o em que residiria a grandeza. E esse maior não teria, em face de si, o pequeno, que ele deve sobrepassar, desde que ele é grande. Ora, isto é impossível, já que não há pequenez em nenhuma parte.

— É verdade.

— Mas a grandeza em si não pode ser superior em grandeza a nenhuma outra coisa senão à pequenez em si, e a pequenez em si não pode ser inferior em pequenez a outra coisa senão à grandeza em si.

— Com efeito.

d — Por conseqüência, nem os Outros são maiores nem menores que o Um, já que eles não tem nem grandeza nem pequenez, e não é em relação ao Um, que estas tem o poder de sobrepassar e de ser sobrepassadas. E somente em relação a uma e a outra[48]. E o Um, por sua vez, não pode ser nem maior nem menor em relação aos outros, quer maiores, quer menores, pois não tem nem grandeza nem pequenez.

— Parece que não.

— Se o Um não é nem maior nem menor que os Outros, não se segue, necessariamente, que ele não os sobrepassa nem é sobrepassado?

— Necessariamente.

— Ora, o que nem sobrepassa, nem é sobrepassado, é forçosamente parelho, e o que é parelho é igual?

e — Naturalmente.

— Mas o Um, de si para si, terá as mesmas relações; pois não tem em si nem grandeza nem pequenez, ele não teria, quanto a si mesmo, nem o que o sobrepassa nem sobrepassaria; seria parelho a si mesmo; portanto, igual a si mesmo.

---

48. As relações do mundo ideal não tem, dizia Parmênides (133 d/e), nenhuma eficacidade sobre as coisas de aqui embaixo. Mostra, aqui, que elas não tem nenhuma sobre o Um. O caráter sofístico do argumento está, aqui, mais imediatamente visível. (Notas de Diès).

— Perfeitamente.
— O Um, portanto, seria igual a si mesmo e aos outros.
— É isto evidente.
— Ele está em si próprio e, consequentemente, ele deve estar fora, e envolvendo a si mesmo. Enquanto envolve a si mesmo, ele deve ser maior que si mesmo, e, como envolvido, é menor. Assim o Um deve ser maior e menor que ele mesmo.
— Sim, com efeito.
— Mas eis aqui uma coisa que é igualmente necessária: é que não existe nada fora do Um e dos Outros.
— Mas é preciso também que o que existe esteja em alguma parte[49].
— Sim.
— Mas o que existe em alguma coisa existirá em uma coisa maior e será menor que ela: é esta a única maneira em que uma coisa pode estar em outra.
— Com efeito.
— Mas já que não existe nada fora dos Outros e do Um, e que devem estar em alguma coisa, não é, portanto, necessário que eles estejam uns nos outros. Os outros no Um, e o Um nos Outros, pois do contrário não estariam em nenhuma parte?
— É evidente
— Então, já que o Um está nos Outros, os Outros serão maiores que o Um, pois este é por eles envolvido. Mas já que os Outros estão no Um, pela mesma razão, o Um é maior que os Outros, e os Outros menores que o Um.
— Parece.
— O Um é, portanto, igual a si mesmo e aos Outros; é maior e menor que ele próprio e que os Outros.
— É evidente.
— De outra maneira, se ele é maior, menor, e igual, ele terá medidas iguais a si mesmo e aos Outros, ou mais numerosas ou menos numerosas, e se ele tem medidas, terá partes também.

---
49. Cf. Timeu, 52 B: o princípio segundo o qual todo ser está "necessariamente em alguma parte" não se aplica ao ser verdadeiro.

— Sem dúvida.
— Com medidas iguais, maiores e menores, ele será inferior e superior em número a si mesmo, e aos Outros, e sob a relação do número igual a si mesmo e aos Outros.
— Como?
— Ele terá, imagino, mais medidas que aquelas pelas quais é maior, e, consequentemente, tantas vezes mais medidas, quantas partes; e tantas vezes menos, onde for menor; e tantas exatamente onde for igual.
— É exato.

D — Sendo maior e menor e igual a si mesmo, terá ainda mais e menos medidas que ele mesmo, tantas medidas, quantas partes.
— Sem dúvida alguma.
— Sendo, portanto, igual a si mesmo em partes, terá a mesma quantidade que ele mesmo; se tem mais partes, será maior que ele mesmo, menos partes, menor que ele mesmo.
— Assim parece.
— E não será o Um o mesmo relativamente aos outros? Já que ele aparece maior que os Outros, é forçoso que tenha número superior; por ser menor, número inferior, e por ser igual em tamanho, igual também aos Outros quanto à quantidade.
— Necessariamente.

E — Assim o Um será ainda, assim parece, igual, superior e inferior, em número, ao mesmo tempo a si mesmo e aos Outros.
— É exato.

COMENTÁRIOS

Consequentemente, o Um também não é igual, nem não-igual a si mesmo, nem aos outros. Os fundamentos do raciocínio de Parmênides são os mesmos.

Todo o seu argumentar padece dos mesmos defeitos. Apesar de alcançar com lógica a conclusão, parte, contudo, de premissas falsas.

Sua sofística culmina ao analisar a grandeza e a pequenez. Se a pequenez se realiza no Um, então, ou estará no todo do Um ou numa das partes. Se está no todo, estender-se-á ao lado do Um, na totalidade deste, ou o envolverá. Se estiver ao lado, será igual; se o envolver, será maior. Mas como pode a pequenez ter uma grandeza que seja maior que outra coisa? Nem tampouco pode ser igual, porque é pequenez. Se estivesse no todo do Um, seria maior que a parte e, nesse caso, a pequenez seria maior. Logo só restar-lhe-ia estar numa parte do Um. Também se ela integrar a parte, as mesmas conseqüências adviriam. Neste caso, a pequenez não está nunca em nenhum ser, nem a pequenez nem a grandeza, porque levado o raciocínio, pelo mesmo caminho, chegar-se-ia às mesmas dificuldades.

Conclui, afinal, que a grandeza em si só é maior que a pequenez em si.

Parmênides agora "refuta" a teoria das formas de Sócrates, e prossegue considerando-se vitorioso, para afirmar que nem os outros são maiores nem menores que o Um, como também não o é o Um em relação aos outros. Consequentemente, nem os sobrepassa nem é por eles sobrepassado. E o que não sobrepassa nem é sobrepassado, é parelho, e o que é parelho, é igual. E não tendo o Um em si nem grandeza nem pequenez, não teria, quanto a si mesmo, nem o que o sobrepassassem nem sobrepassaria a outros, sendo parelho e igual a si mesmo e aos outros.

Conclui, afinal, que o Um está em si mesmo e, também, deve estar fora de si, e envolto por si mesmo. Ao envolver a si mesmo, é maior que ele mesmo, pois, como envolvido, é menor. Deste modo, o Um é maior e menor que si mesmo.

Ademais é necessário que nada mais exista além do Um e dos outros. E é também necessário que o que existe esteja em alguma parte. O que existe em alguma coisa, existe em uma coisa maior, e será menor que ela, que é a única maneira de uma coisa estar em outra.

E como não há nenhuma coisa além do Um e dos outros, e estando o Um nos outros, estes são maiores que o Um, mas, por estarem os outros no Um, o Um é maior que os outros. Deste modo, é igual a si mesmo e aos outros; é maior e menor que ele mesmo e os outros. E se assim é, terá medidas, e se tem medidas, terá partes. E pelas medidas numéricas será mais ou menos que os outros. Se é medido pelo Um, os outros serão numericamente mais, para exemplificar.

Toda a argumentação de Parmênides aqui é sofística, e facilmente compreensível, em face das premissas já colocadas, que levam às mesmas aporias, pois surgem de uma deficiência do racionalismo e não da Ontologia, como já o mostramos.

PARMÊNIDES

(Continuação)

— Não participa o Um também do tempo? — Participando do tempo, não se torna ele mais jovem e mais velho que ele próprio e que os Outros, e, por outro lado, não se torna nem mais jovem nem mais velho que ele mesmo e os Outros?
— Como?
— Ele tem a propriedade de ser, se ele é Um.
— Sim.

152A — Não é "existir" participar do ser no tempo presente; como "existiu" indica o tempo passado, e "existirá", o futuro?
— É, com efeito.
— Ele participa, portanto, do tempo, se ele participa do ser.
— Perfeitamente.
— Então do tempo que passa.
— Sim.
— Ele torna-se, portanto, sempre mais velho que ele mesmo, pois ele avança com o tempo.
— Necessariamente.

— Não recordas que dissemos que é em relação ao tornar-se mais jovem que o mais velho torna-se mais velho?
— Lembro-me.
— Então se o Um se torna mais velho que ele próprio, o seu tornar-se mais velho não se operaria senão em relação ao seu próprio tornar-se mais jovem?
— Necessariamente.
— Ele torna-se, assim, mais jovem e mais velho que ele mesmo.
— Sim.
— Mas o tempo em que ele "é" mais jovem não é o "agora" que, em seu tornar-se, coloca-se entre o "foi" e o "será"? Pois, nessa passagem do antes para o depois, ele não saltará por sobre o agora[50].
— Não, certamente.
— Não é um deter-se do seu tornar-se mais velho esse encontro com o agora? Não é verdade que não se torna mais, mas é desde então mais velho? Se sua progressão, com efeito, fosse contínua, o agora não o prenderia. O que progride toca, naturalmente, com efeito, os dois extremos; ao agora, por um lado; ao depois, por outro. Ele não solta o agora senão para tomar o depois; e é no intervalo que se processa o seu tornar-se entre o depois e o agora.[51]
— É verdade.

D — Se é, portanto, forçoso a tudo o que se torna de não se esquivar do agora, todas as vezes que ele aí está, suspende, então, o seu devir, e é, nesse momento, propriamente, o que estava em transe de devir.

---

50. Sobre o "agora", cf. Aristóteles, Física 217 b, 29-220 a, 27, Damáscio dirá (Ruelle, II, 236; Chaignet, III, 98) que o tempo não progressaria se seu progresso devesse fazer-se segundo os "agora", do qual cada um é infinitamente divisível. O movimento progride por "saltos indivisíveis". Assim o tempo progride "por medidas integrais", que medem esses saltos do movimento. Cada salto-medida pode ser chamado um "agora", mas não um "agora-limite"; é o tempo, em si, indivisível, e o nosso pensamento apenas o discerne no infinito. (Sobre a teoria do tempo em Damáscio, cf. Simplício, in Phys., pag,. 774-800, e Duhem, Le Systhème du Monde, I, pag. 263-271). (Diès).

51. O um é primeira unidade componente do todo; é cada uma das unidades que seguem; e a unidade resultante. (Diès)

[220]

— Assim parece.
— Quando, pois, o Um, vindo a ser mais velho, reencontrou o agora, ele se detém, ele é, nesse momento, mais velho.
— Certamente.
— Portanto, aquele em relação ao qual ele se torna mais velho, é, em relação a ele, que ele o é; ora ele se torna mais velho que ele mesmo.
— Sim.
— Ora, mais velho é mais velho que aquele que é mais jovem?
— Sim.
— O Um é, portanto, mais jovem que ele mesmo, no momento preciso em que, enquanto se torna mais velho, penetra no presente.
— Necessariamente.

E — Mas o presente acompanha sempre o Um através de toda a sua existência, porque o Um é sempre presente enquanto é.
— Sem contestação possível.
— Por conseqüência, o Um é e vem a ser sempre mais velho e mais moço que ele próprio.
— Parece.
— Mas ele vem a ser durante mais tempo que ele próprio ou durante o mesmo tempo?
— Durante o mesmo tempo.
— Mas vir a ser ou ser durante o mesmo tempo, é ter a mesma idade.
— Como negá-lo.
— O que tem a mesma idade não é mais velho nem mais moço.
— Certamente não.
— Por conseqüência, o Um, que se torna mais velho, e que é de idade igual que ele mesmo, não se torna nem mais jovem nem mais velho que ele próprio.
— É o que penso.
— E os Outros?
— Eu não sei o que responder.

153A — Há uma coisa, que podes sempre dizer, é que as coisas Outras que o Um, se elas são Outras e não apenas outra coisa,

são mais numerosas que Um. Se elas fossem apenas uma coisa outra, elas seriam apenas uma, mas sendo outras coisas, elas são mais numerosas que Um, e constituem uma quantidade.
— Elas constituem, com efeito, quantidade.
— E, no momento que constituem quantidade, elas participam do maior número que o Um.
— Naturalmente.
— Mas quais diremos que nascem e são nascidas de início, os maiores números ou os menores?
— Os menores.

B — Portanto, o menor de todos é o primeiro, este é o Um, não é?
— Sim.
— De tudo o que tem número, é pois o Um o que nasceu primeiro.
— Sim.
— Ora, tem todas as outras coisas também números, pois são outras coisas e não um Outro.
— Elas tem número, com efeito.
— Ora o Um, tendo nascido em primeiro lugar, imagino que ele nasceu antes, e que as Outras coisas depois, e o que nasceu depois é mais jovem do que o que nasceu antes. Assim as Outras coisas são mais jovens que o Um, e este é mais velho que as outras.
— Seguramente.
— Mas, dize-me agora: poderia o Um nascer contrariamente à sua natureza, ou é impossível?
— É impossível.

c — Mas nós vimos que o Um tem partes, e se tem partes, tem um começo, um fim e um meio.
— Sim.
— Em todas as coisas, e no próprio Um, e em cada uma das Outras coisas, não é o começo que nasce em primeiro lugar, e após o começo, tudo mais até o fim?
— Sem dúvida.
— E diremos que todo este resto são partes do todo, do Um, e que este nasce com o fim, um e todo.

— Sim, nós o diremos

D — Mas o fim, creio, nasce por último, e é com ele que o Um alcança naturalmente a existência, de forma que, se o Um em si não pode chegar à existência contrariamente à sua natureza, pois que nasce com o fim, a ordem natural é que nasce em último lugar, depois dos outros.

— Evidentemente.

— O Um é mais jovem que os outros, e os outros mais velhos que o Um.

— Isto também me parece evidente.

— Mas, o começo ou toda outra parte qualquer do Um ou de qualquer que seja, desde que seja uma parte e não partes, não é necessariamente um, pois é uma parte?

— Necessariamente.

E — Em conseqüência, o Um nascerá com a primeira coisa que nasce, depois com a segunda, e ele não falta na geração de nenhuma das Outras coisas, enquanto uma série qualquer recebe adições, até que, tendo percorrido todos os termos até o último, tenha se tornado integralmente Um, não tendo faltado em seu nascimento, nem no meio, nem no último, nem no primeiro, nem em nenhum outro.

— Está certo.

154A — O Um tem, portanto, a mesma idade que todo o resto, de maneira que a menos de ter nascido contrariamente à sua natureza, não nasceu nem antes nem depois dos outros, mas ao mesmo tempo. Assim, segundo o presente raciocínio, o Um não poderia ser nem mais velho nem mais jovem que os outros, nem os outros poderiam ser nem mais velhos, nem mais jovens que ele, enquanto que, segundo o raciocínio precedente, ele seria, ao mesmo tempo, mais velho e mais jovem, e os Outros semelhantemente quanto a ele.

— Está certo.

— Assim ele é, e assim ele nasceu. Mas como resolveremos agora esse problema do devir, como seja o de o Um, em relação aos Outros, e os Outros, em relação ao Um, tornarem-se mais

velhos, e também mais jovens, e não se tornarem nem mais jovens nem mais velhos? A resposta, que valia para o ser, vale também para o devir, ou deve ser ela diferente?
— Não o saberia dizer.

B — Para mim, posso dizer ao menos, que o ser, que é mais velho que um outro, não pode envelhecer além da diferença de idade que tinha no início, desde o seu nascimento, e que o mais jovem não poderia tornar-se mais jovem ainda. Pois, se as quantidades desiguais acrescentam-se quantidades iguais, quer de tempo ou de qualquer coisa, a diferença, assim produzida, será sempre igual à diferença primitiva.

C — Portanto, o que é não poderia jamais tornar-se mais velho, nem mais jovem que nenhum ser existente, pois a sua diferença de idade é sempre a mesma: eles se tornaram e são, um, mais velho, e o outro, mais jovem: eles não se tornaram mais.
— Não pode ser de outro modo.
— Portanto, o Um, que é, não se torna nem mais velho nem mais jovem que os outros que são.
— Não, certamente.
— Mas considera, se, deste ponto de vista, não se tornam eles nem mais velhos nem mais jovens.
— De que ponto de vista?
— Daquele, sob o qual o Um nos apareceu como mais velho que os outros e os outros mais velhos que o Um.
— E daí?

D — Quando o Um é mais velho que os outros, é, penso eu, que ele existe desde mais tempo que os outros.
— Está certo.
— Reexamina agora: se a um tempo mais longo e a um tempo mais curto, ajuntamos um tempo igual, o mais longo ultrapassará o mais curto pela mesma fração ou por uma fração menor?
— Por uma fração menor.
— Então a diferença de idade entre o Um e os outros não permanecerá mais o que era antes; mas, à medida que ao Um se acrescentam as mesmas quantidades de tempo dos outros, sua

diferença de idade tornar-se-á sempre menor do que antes, não é[51]?

— Sim.

E — E se a diferença de idade de um ser em relação a um outro vai diminuir, não se tornaria ele mais jovem do que antes em relação àqueles que ultrapassou anteriormente em idade?

— Ele torna-se mais jovem.

— Mas se ele se torna mais jovem não será, por sua vez, que os outros não se tornam, em relação ao Um, mais velhos do que antes.

— Certamente.

155 A — Portanto, o que é mais jovem por nascimento torna-se mais velho em relação ao que nasceu antes dele, e que é mais velho. Contudo, ele não é nunca mais velho, mas se torna sempre mais velho que ele; pois aquele ganha sempre sobre o outro em juventude, e o outro em velhice. Reciprocamente, o mais velho torna-se também mais jovem do que o mais jovem. Pois seguindo ambos em sentido contrário, tornam-se o contrário um do outro; o mais jovem torna-se mais velho que o mais velho, e o mais jovem mais jovem que o mais jovem. Mas acabar este devir, é o que de que eles não são capazes; pois se eles o acabassem, não se tornariam mais, seriam apenas. Mas, na realidade, eles se tornam mais velhos e mais jovens, uns em relação aos outros. O Um torna-se mais jovem que os outros, porque aparece mais velho e nascido muito antes; e os outros tornam-se mais velhos que o Um, porque nasceram mais tarde, e o mesmo raciocínio se aplica aos outros, em relação ao Um, pois ficou comprovado que eles são mais velhos que ele, e nasceram antes dele.

— É evidentemente como tu o dizes.

B — Por conseguinte, enquanto que algum ser não se torna nem mais velho nem mais jovem do que outro, pois diferem sempre entre si pela mesma quantidade, nenhum poderia tornar-se mais

---

51. Pelo emprego ambíguo da palavra diferir (diapherein), Platão transforma em sofisma esse teorema: sendo a maior que b, 1° a diferença (a + b) - (b + x) fica constantemente igual a a - b: 2° a relação a + x/b+ x diminui e tende para 1, enquanto x cresce indefinidamente. (Dies).

[225]

velho nem mais jovem que os outros, nem os outros que qualquer um; mas porque a fração pela qual os mais antigos diferem dos mais recentes e os mais recentes dos mais antigos, varia indefinidamente, daí resulta, forçosamente, que os outros tornam-se, por sua vez, mais velhos e mais jovens que o Um, e o Um que os outros, não é verdade?
— Absolutamente.

c — Com todas essas razões, o Um é e torna-se mais velho e mais jovem que ele mesmo e que os Outros, e ele não é, nem se torna mais velho, nem mais jovem que ele mesmo, e que os Outros.
— É perfeitamente exato.

d — Mas já que o Um participa do tempo e da possibilidade de tornar-se mais velho ou mais jovem, não é necessário que ele participe também do passado, do futuro e do presente, em virtude de sua participação no tempo?
— É inevitável.
— Assim o um era, é, e será, tornava-se e tornar-se-á.
— Como?
— Pode, portanto, ter, teve, tem e terá determinação própria.
— Certamente.
— Pode ele, portanto, ter de si mesmo, também ciência, opinião e sensação, assim como nós também, podemos considerar, quanto a ele, todas essas maneiras de conhecer.
— Falas com segurança.

e — Há, pois, também um nome e uma definição do Um; nós o nomeamos e expressamos, e todos os caracteres deste gênero que pertencem às outras coisas pertencem também ao Um.
— É perfeitamente exato.

COMENTÁRIOS

Parmênides examina as mesmas aporias anteriores, mas segue agora por outro caminho, que também não lhe dá a solução desejada[52].
    Quer postular agora que o Um participa do tempo. Ora, se ele é e se ele existe, e como existir participa do ser, como existiria o que não é? Se participa do existir, participa do tempo. Mas, que entenderá Parmênides por tempo? Toma-o, aqui, no sentido da duração. O que existe dura, como dura o que é. Ora, o Um existe e é; portanto, dura, logo se dá no tempo. E se existe, tem um passado, um presente e um futuro. E se tal se dá, ele passa no tempo, tornando-se por isso mais velho cada instante que dura. Mas o tornar-se mais velho implica o mais jovem, pois como poderia algo ser mais velho senão m ais velho do que algo? E ao tornar-se ele mais velho, ele se torna mais jovem. Retorna, aqui, ao que já anteriormente havia procurado demonstrar. No *agora*,

---

52. Platão, deste modo, empresta a Parmênides, como vimos até aqui, além de sofismas, a impossibilidade de sair das aporias que a sua concepção oferece.

no instante, é ele mais jovem. E o *agora* coloca-se entre o *foi* e o *será*, e, nele, *detém-se* em si mesmo. Como o *agora* o prende, sua progressão no tempo não é contínua, pois o que passa toca os dois extremos do *foi* e do *será*.

É desnecessário prosseguir na seqüência de argumentos que oferece Parmênides. A distinção, que se impõe fazer aqui, é a entre o tempo e a duração. O que perdura no ser, dura. Durar é perdurar, e o Um, como ser, perdura no ser. Mas o Um não se muda, já vimos, pois não lhe cabe nenhuma das mutações. Ele, portanto, não é uma entidade temporal, porque o tempo é o campo da sucessão. Ele não sucede a si mesmo, porque é, e é sempre ele mesmo. Não há, nele, mutações de qualquer espécie. Portanto, o Um é intemporal e extra-temporal.

Contudo, é preciso notar que Parmênides alcança essa tese, seguindo o caminho da sua dialética. O Um não é temporal, pois, se o fosse, as aporias que daí surgiriam, revelariam a inanidade da tese.

Toda a sua argumentação alcança, por outros caminhos que não os de uma dialética rigorosamente ontológica, a tese de que Um é intemporal e extra-temporal

É verdade que, na argumentação, ele desce do Um, como Ser Supremo, fonte de todas as coisas, ao *um* numérico. As coisas, que são umas numericamente, as unidades de multiplicidade que já estudamos, participam, enquanto umas, da indivisibilidade específica, como o *indivíduo* (o que é *in*, não, *dividual*, não divisível em dois ou mais; não separável), pois a sua divisão implicaria o seu desaparecimento como tal. Na linguagem aristotélica, o que dá o ser às coisas é a *forma*, e esta é indivisível. A *forma* é uma unidade de simplicidade formal. E quando se diz, como se procede na definição aristotélica, que um ser é o seu gênero próximo e a sua diferença específica, sua forma é o produto de uma conjunção, porque a diferença específica é, com a espécie, uma unidade simples. O homem é um animal racional, mas animalidade e racionalidade não são duas formas, mas uma só. A perfeição racional do homem inclui a animalidade; é um grau de perfeição maior que implica a perfeição menor: a animalidade. Assim, a forma do triângulo, para exemplificar sem grande rigor, é uma só: é uma figura, de três lados, cujos três ângulos somam dois ângulos retos. A idéia de figura implica uma totalidade integral e completa, fechando-se em torno de si mesma.

Todas as coisas, que são umas, tem uma forma e, enquanto formalmente consideradas, são simples, pois o todo, enquanto unidade, é simples, embora suas partes sejam naturalmente múltiplas. Mas o todo não é apenas a soma de suas partes, como quantitativa e extensivamente muitos compreendem. O todo é uma unidade que, como tal, é algo especificamente diferente de suas partes e, é simples, formalmente considerado.

A unidade do Um é uma unidade absolutamente simples, porque é ela mesma. Nela, existir e ser (existência e essência) se identificam. Seu ser é o seu existir; seu existir é o seu ser. Não há, no seu existir, um participar. Se se entende por participar um *partem capere*, um tomar parte de uma perfeição, o Um não é um ser participante. E seja de que modo se entenda a participação, como já vimos no início, o Um não participa do ser, porque é ele o ser em sua absoluta simplicidade. Todas as providências dialéticas de Parmênides partem da aceitação de premissas que exigiam melhores distinções. Se ele alcança conclusões exatas, consegue-as através de um raciocínio sofístico. Bem sabemos que se pode, partindo de premissas falsas, alcançar uma conclusão verdadeira. Se alguém disser que todos os europeus são brasileiros; e sendo os paulistas europeus são eles brasileiros, alcança a uma conclusão verdadeira, mas partindo de premissas falsas. É o que acontece com Parmênides e seus argumentos.

PARMÊNIDES

(Continuação)

Terceira Hipotese: se o Um é e Não é

— Resta-nos um terceiro ponto a tratar. Se o um é tal como expusemos, quer dizer, não é Um e múltiplo, nem Um nem múltiplo, e por participar do tempo, não há necessariamente para ele, por ser Um, um momento em que participa do ser, e porque não é, um momento em que ele não participa do ser?
— Não é possível.
— Então será possível que, no momento que ele participa, não participe, e que no momento que não participa, participe?
— Isto não é possível.
— Outro é então o tempo em que ele participa, outro aquele em que ele não participa, porque é a única maneira da qual ele pode participar e não participar de uma mesma realidade.
— Tens razão.

156A — Não há pois, ainda um tempo em que ele participa do ser, e um em que ele deixa de participar? Como será possível um momento em que ele possui, um momento em que não possui, se não tem também um momento em que assume ou deixa de assumir?
— Isto não poderia ser de nenhuma maneira.
— Tomar parte no ser, não é o que tu chamas nascer?
— Sim.
— E deixar o ser, não é perecer?
— Exatamente.
— Então, o Um, segundo parece, ao assumir o ser e ao deixá-lo, nasce e perece.
— Necessariamente.

B — Mas como ele é Um e múltiplo, e como ele nasce e perece, não é verdade que, quando ele se torna Um, ele morre como múltiplo, e que, quando ele se torna múltiplo, ele morre como Um?
— Certamente.
— Mas, para tornar-se Um e múltiplo, não lhe é necessário, separar-se e reunir-se?
— Absolutamente necessário.
— E quando ele se torna semelhante e dessemelhante, não é assemelhar-se dessassemelhar-se?
— Sim.
— E quando ele se torna maior e menor, igual, não é crescer, decrescer, igualizar-se?
— Perfeitamente.

C — E quando, estando em movimento, imobilizar-se; e quando imóvel, passar ao movimento. É evidente que tal não se dá senão num momento em que não está em nenhum tempo.
— Que queres dizer?
— Ser de antemão imóvel e depois mover-se, mover-se de início, e estar em seguida imóvel, não é possível que receba estes estados sem mudar.
— Como seria possível?
— Não há tempo onde uma coisa não possa estar ao mesmo tempo nem em movimento nem em repouso.

[231]

— Não, certamente.
— E não pode também mudar-se sem mutação.
— Não, assim parece.

D — Quando pois muda ela? Pois não é quando está imóvel, nem quando está em movimento, nem quando está no tempo.
— Não, com efeito.
— Não é, pois nessa estranha coisa, que é preciso dizer estar no momento em que muda?
— Qual?

E — O instantâneo: pois o instante parece significar alguma coisa como ponto de partida de uma mutação nas duas direções inversas[53]. Não é, pois, com efeito da imobilidade ainda imóvel, que surge a mutação, nem do movimento ainda movido, que ela se produz; mas há esta estranha entidade do instante, que se coloca entre o movimento e o repouso, sem estar em nenhum tempo, e é de lá que vem, e é de lá que parte a mutação, quer do movimento ao repouso, quer do repouso ao movimento.
— Tal pode muito bem ser.
— Portanto, o Um, se é verdade que ele está imóvel e em movimento, deverá mudar para tomar um ou outro estado; pois é a única maneira em que pode realizar um e outro. Mas, ao mudar, ele muda instantaneamente, e, enquanto muda, não poderia estar em nenhum tempo, nem estar, então, em movimento, nem estar imóvel.
— Com efeito.

157 A — Será também assim para as outras mutações? Quando passa da existência para a morte, ou do não-ser para o nascimento, não passa por um estado intermediário entre certas formas de movimento e de repouso, de tal modo que, nesse instante, nem ele é, nem ele não é, nem ele devém, nem ele perece?
— Pelo menos, é verosimilhante.

---

53. Aristóteles dirá (Física 222 b, 15 e seguintes): mudar é, essencialmente, sair de seu estado; a instantaneidade é essa saída (to exstán), realizando-se numa duração de tempo incaptável. Platão insiste igualmente sobre o exemplo de exaiphnes: a instantaneidade é um "ponto de partida". O que se põe a mudar é já mudar, Aristóteles concluirá (Fis. 235 e seg.); não há ponto de partida absolutamente primeiro da mutação. Há um aqui, mas intemporal e neutro. (Diès).

— Pela mesma razão, ao passar do Um ao múltiplo e do múltiplo ao Um, ele não é nem Um nem múltiplo, ele não se divide nem se reúne. Da mesma forma, ao passar do semelhante ao dessemelhante, e do dessemelhante ao semelhante, ele não é nem semelhante, nem dessemelhante, ele não se assemelha nem não se desassemelha.

B — Da mesma maneira ainda, ao passar do pequeno para o grande e para o igual, e, inversamente, ele não poderia ser nem pequeno, nem grande, nem igual, nem crescer, nem decrescer, nem igualizar-se.

— Parece que não.
— Eis tudo que pode acontecer ao Um se ele existe.
— Até aqui não há dúvida.
— Não é necessário examinar outra questão: se o Um existe, que deve daí resultar para os Outros?
— Sim.
— Colocando, pois, que o Um é, temos que dizer quais conseqüências se seguirão necessariamente para os Outros que o Um.
— Digamo-lo.
— Se eles são outros que o Um, estas outras coisas não são o Um; do contrário, não seriam outras que o Um.
— É justo.

C — Contudo, as outras coisas não estão totalmente privadas, porque elas tem partes; pois se elas não tivessem partes elas seriam absolutamente Um.
— É certo.
— Ora, não há partes, dissemos, a não ser do que é um todo.
— Realmente, dissemos.
— Mas o todo é necessariamente uma unidade formada de diversas coisas, unidade cujas partes são partes; pois cada uma das partes deve ser parte, não de uma pluralidade, mas de um todo.
— Como isso?

D — Se uma coisa fosse parte de uma pluralidade entre as quais, ela mesma estaria compreendida, ela seria, certamente, parte

dela mesma, o que é impossível, e de cada uma das outras coisas, pois ela o seria de todas. Pois se não houvesse aí uma da qual ela fosse parte, ela seria parte de todas com exceção daquela, e, da mesma forma, ela não seria parte de cada uma delas, e, não sendo parte de cada uma, ela não seria de nenhuma dessa pluralidade. Ora, não sendo de nenhuma, ela poderia pertencer, quer a título de parte, quer sob qualquer outro título, a nenhuma dessas coisas, a nenhuma das quais ela não pertence.
— É evidente.

E — Assim a parte não é parte de diversas coisas nem de todas, mas duma forma única e de uma certa unidade que chamamos todo, unidade perfeita, surgida do conjunto; é dela que a parte é parte.
— Perfeitamente.
— Se pois as outras coisas tem partes, elas participarão, também, tanto do todo como do Um.
— Certamente.
— As coisas outras que o Um são pois, necessariamente, um todo, unidade perfeita, que tem partes[54].
— Necessariamente.

158 A — O mesmo se pode dizer também de cada parte, pois ela participa também necessariamente do Um. Se com efeito, cada uma delas é parte, esta palavra, cada uma, designa certamente alguma coisa de um, distinto de tudo mais existente em si, pois cada uma deve ser.
— É exato.
— Mas para participar do Um, é preciso, evidentemente, ser outro que Um; do contrário, ela não participa dele, ela seria ao mesmo tempo Um por si mesmo. Ser Um, assim penso, é impossível a qualquer outra coisa que ao próprio Um.

---

54. O Parmênides nos oferece, tanto e melhor que os Tópicos de Aristóteles, uma coleção de esquemas dialéticos criados pelo eleatismo e que se transmitiram até os cépticos. Um desses esquemas é a comparação, quer do todo, quer da parte, sucessivamente a todas as partes, a algumas partes, a uma parte. Platão já o utilizara mais acima (145 c/e, pag. 34), mas tirou daí a definição do todo como forma e unidade acabada: no Teeteto dele se servirá (203/6). (Diès).

— É impossível.
— Mas o todo e a parte devem necessariamente participar do Um; pois o primeiro será um todo único cujas partes serão partes, e cada parte será uma parte única do todo, do qual ela será parte.
— É exato.
B — Mas as coisas que participam do Um, não são diferentes do Um, no momento que participam?
— Sem nenhuma dúvida.
— Mas as coisas outras que o Um serão numerosas, assim penso. Se, com efeito, as coisas outras que o Um não fossem nem um nem mais que um, elas não seriam nada.
— Não seriam nada, com efeito.
— E, portanto, já que as coisas, que participam do Um-parte e do Um-todo, são mais numerosas que o Um, não é pois uma necessidade que estes participantes do um sejam em número infinito?
— Como?
C — Vejamos deste ponto de vista: não é verdadeiro que, no momento em que elas participam do Um, elas dele participam sem ser ainda o Um?
— É evidente.
— Elas são, pois múltiplos, já que o Um não é múltiplo?
— Elas são múltiplos, certamente.
— Pois bem. Se nós queremos separar pelo pensamento a porção menor que possamos imaginar, essa porção separada, se ela não participar do Um, não seria ela, ainda, necessariamente, uma multiplicidade, e não uma unidade?
— Necessariamente.
— Portanto, ao considerar sempre desta maneira, e em si mesma essa espécie de ser, que é outra que a forma, tudo que nós dela apercebermos sucessivamente não será multiplicidade ilimitada[55]

---

55. Acaba-se de dizer (157 e) que o todo e, no todo, cada parte, tomada à parte, é uma unidade e forma. O que não é ainda todo nem parte de um todo é, pois, "natureza estranha à forma", matéria não captada pela forma, ilimitação pura. Os antigos nos ensinaram, dirá o Filebo (16 c), que todo ser "é feito de unidade e de pluralidade, e contém em si, congenitalmente, o limite e a ilimitação". Cf. os fragmentos 1 e 2 de Filolau (Diels, Vorsokr. I 3, pag. 309). (Diès).

— Certamente.

D — Ademais, quando cada parte, uma após a outra, se tornasse parte, as partes seriam, desde então, limitadas em relação ao todo; e este, por sua vez, é limitada pelas partes.

— É indubitável.

— Acontece, pois, assim parece, que as coisas outras que o Um, postas em comunicação com o Um, recebem, nelas, alguma coisa de diferente, que lhes dá limite em relação uma às outras, enquanto que a sua natureza própria as torna ilimitadas por si mesmas.

— Assim parece.

— Também as coisas outras que o Um, quer como totalidade, quer como partes, são ilimitadas e participam do limite.

— Certamente.

E — Não são elas também semelhantes e dessemelhantes umas das outras e delas próprias?

— Por que razão?

— Pela plausível razão de que, sendo todas ilimitadas por sua natureza, elas tem, por isso, o mesmo caráter.

— Perfeitamente.

— Por participarem todas elas do limite, dessa maneira são todas elas do mesmo caráter.

— Sem dúvida.

159A — E por serem tanto limitadas, como ilimitadas, são elas afetadas por afecções contrárias uma à outra.

— Sim.

— Ora, os contrários são também tão dessemelhantes quanto é possível.

— Sem dúvida.

— Portanto, em virtude de uma e de outra afecção, elas são semelhantes a si mesmas e umas às outras, e, em virtude das duas, elas são, ao mesmo tempo, o que há de mais contrário e de mais dessemelhante[56].

---

56. Já havíamos encontrado um esquema análogo na segunda hipótese (147 c, 148 d): semelhança sob duas relações sucessivas e contrárias, dessemelhança dupla sob duas relações simultâneas. Tais entrecruzamentos lógicos devem-se traduzir em "diagramas".

— É bem possível.
— Então os outros são, por sua vez, semelhantes e dessemelhantes a si mesmos, e uns em relação aos outros.
— Então as coisas outras que o Um são idênticas a elas mesmas, e diferentes umas das outras, em movimento e em repouso, e como já provamos tudo isso, veremos, facilmente, que elas estão sujeitas a todas as afecções contrárias.
— É rigorosamente como dizes.
— Estando esclarecidas estas perguntas, podemos deixá-las e, continuando com a hipótese que o Um existe, examinar se há para as coisas, oùtras que o um, conseqüências diferentes, ou se não há senão aquelas que salientamos.
— Sim, examinemos.
— Continuemos, então, com a hipótese de que o Um existe, e digamos o que deve resultar para as coisas outras que o um.
— Digamos.
— Está bem, o Um não está à parte das outras coisas, e as outras à parte do Um?
— Por que?
— É que, imagino, não há fora delas um terceiro que seja outro que o Um, e outro que as outras coisas; porque já se disse tudo quando se diz Um e outros.
— Tudo se disse, com efeito.
— Não existe, então, fora deles nada em que o Um e os outros possam se achar juntos.
— Não, com efeito.
— O Um e as outras coisas jamais estão juntos.
— Parece-me que não.
— Eles estão, pois, separados?
— Sim.
— Por outro lado, nós afirmamos que o que é verdadeiramente Um, não tem partes.
— Como, com efeito, ele poderia ter?
— Dessa maneira, o Um não estaria nas outras coisas, nem integralmente, nem por partes, pois é ele separado das outras coisas, e não tem partes.

— Como poderia?

D — As outras coisas não poderiam, então, de nenhuma maneira, participar do Um, porque elas não participariam nem numa parte nem no todo.

— Parece que não.

— As outras coisas não são, sob nenhum aspecto, Um, e nelas nada há que seja um.

— Não, certamente.

— As outras coisas não são também múltiplas; porque, se elas fossem múltiplas, cada uma delas, enquanto parte do todo, seria um, pois, na realidade, as coisas outras que o Um não são nem um, nem múltiplas, nem todo, nem parte, pois que elas não tomam de nenhuma maneira parte no um.

— É justo.

E — As coisas outras que o Um não são então elas mesmas nem duas, nem três, porque elas estão inteiramente privadas do um.

— É exato.

160 A — Essas outras coisas não são, ademais, nem semelhantes nem dessemelhantes ao Um, e não há, nelas, nem semelhanças nem dessemelhanças; porque, se elas fossem semelhantes e dessemelhantes, haveria, nelas, a semelhança e a dessemelhança, e poder-se-ia dizer que as coisas, outras que o Um, teriam, nelas, duas formas contrárias uma à outra.

— É verdade.

— Mas, é impossível, nós o vimos, que o que não participa de nada participe de duas coisas.

— É impossível.

— As outras coisas não são nem semelhantes nem dessemelhantes, nem Um e outro ao mesmo tempo. Porque se elas fossem semelhantes ou dessemelhantes, elas participariam de uma das duas formas, e se elas fossem um e outro, elas participariam de duas formas contrárias; ora, vimos que tudo isso é impossível.

— É verdade.

B — Elas não são nem idênticas nem diferentes, nem móveis, nem imóveis; elas não nascem, nem perecem; elas não são nem

[238]

maiores, nem menores, nem iguais, e não tem nenhum outro caráter dessa espécie; porque se as outras coisas fossem susceptíveis de algum caráter dessa espécie, elas participariam do um, do dois, do três, do ímpar e do par, participação, que já vimos, é impossível, pois estão privadas do Um, sob todos os aspectos e medidas.

— É perfeitamente verdadeiro.

— Assim, pois, se o Um é, ele é tudo, e não é um relativamente a si mesmo, nem relativamente tampouco às outras coisas[57].

— É perfeitamente exato.

---

57. Essa conclusão resume os resultados das cinco hipóteses. O Um é todos, quer dizer, todos os modos possíveis de ser e de ser conhecido (2 e 4); não um (1 e 5); todos e não um (3). (Diès).

COMENTÁRIOS

Resulta dos exames feitos por Parmênides, que para ele o Um é um e múltiplo, sem poder ser um nem múltiplo. Participa do ser se está no tempo, como Parmênides demonstrou. Portanto, seu tempo é outro que o tempo comum, para que possa participar e não participar. Nasce e deixa de ser; perece, portanto. Quando deixa de ser Um, perece, morre como Um, e ao tornar-se Um e múltiplo, teria de separar-se e reunir-se. Ao tornar-se semelhante, desassemelha-se; ao tornar-se dessemelhante, assemelha-se. Parmênides está preso entre os contrários, pois a providência racional que usa não lhe permite salvar-se deles. Quando se torna Um, perece como múltiplo; quando se torna múltiplo, perece como Um.

Prossegue Parmênides examinando todas as impossibilidades do Um em passar pelos estados das coisas múltiplas. Todas essas aporias surgem ao postular-se a existência do Um, bem como ainda outras.

Que resulta para os outros se o Um existe? Se há cousas outras que o Um, elas são outras que o Um. Mas como estariam privadas dele? Portanto, dele devem participar. São outras que o Um, porque são constituídas de partes, pois, do contrário, seriam absolutamente simples e absolutamente umas. Onde há uma totalidade, há partes, mas a totalidade é uma unicidade formada de uma multiplicidade, e as partes são partes de um todo. E todas as partes são partes de uma forma única, de uma certa unidade, que é a totalidade, *o todo* (*hólos*). E por terem os outros partes, elas participam, tanto do todo como do Um. Afirma, então, Parmênides, que o todo é uma unidade perfeita, mas que tem partes. E cada parte, também, é uma unidade, e, portanto, participa do Um. Mas o participante tem de se distinguir do participado. E se as coisas umas participam do Um, são elas distintas do Um. Neste caso, só o Um é absolutamente Um, e nenhuma outra coisa.

Cada parte de um todo é uma e, como tal, tem unicidade, e ao participarem do Um são distintas do Um de que participam. Conclui, finalmente, Parmênides que as coisas outras que o Um são umas, pois, do contrário, seriam nada.

Conclui, após esses argumentos que o número de Um-partes é infinito. São elas limitadas em relação umas às outras, mas ilimitadas enquanto à sua natureza, pois são ilimitadas por si mesmas. Em si, todas as coisas são ilimitadamente a sua individualidade, a sua unicidade, mas são limitadas materialmente pelas outras.

A Unicidade

Por serem limitadas e ilimitadas, são semelhantes e dessemelhantes umas às outras. Semelhantes, por serem limitadas e ilimitadas, mas dessemelhantes pela unicidade que lhes é própria, e semelhantes também por serem únicas, embora a unicidade de uma seja uma perfeita diferença da unicidade da outra. É, na unicididade, mostramo-lo em nossa *Filosofia Concreta*, que os seres revelam a sua diferença absoluta e também se identificam, pois, o que é um e único, é formalmente um e único, identicamente a todos os entes um e únicos, mas a sua unicidade lhe dá a última determinação de sua forma, que, como tal, de todas absolutamente se diferencia.

Não são as coisas uma unidade absolutamente simples, nem absolutamente múltiplas, pois se o fossem, identificar-se-iam com o Um, ou, então, dele estariam absolutamente separadas. Às outras coisas não se pode predicar em absoluto nenhuma perfeição. Se são semelhantes, não são absolutamente semelhantes; se são dessemelhantes também não o são absolutamente, etc.. E não o poderiam ser, pois, do contrário, ou se afirmaria a identidade absoluta entre elas e o Um, ou a ruptura abissal de uma distância infinita entre eles.

Conclui, finalmente, Parmênides que todas as perfeições de que participam os outros estão contidas no Um em seu grau intensistamente máximo, ou seja, em sua máxima e absoluta perfeição.

Léon Robin, em seu "Les Rapports de l'être et de la connaissance d'après Platon", diz à pag. 92: "Então, tudo quanto pode ser um atributo de uma existência será um atributo do Um; mas, como cada atributo tem o seu contrário, o que se tiver dito do Um não será dito com mais legitimidade do que quando se diz o seu oposto".

Atribuem-se propriedades quando há determinações reais ou conceptuais, que tem por suposto algo determinado de alguma maneira. Atribuir (de *ad e tribuere*) é o que é tributado a algo. A forma não é um atributo, porque não se atribui, por exemplo, ao homem, a humanidade, pois esta não é uma propriedade do homem, mas a sua forma. As propriedades pertencem à forma, são determinações que se tributam à forma. E como toda determinação implica o seu contrário, pois determinar-se algo deste modo é determinar-se de modo contrário o que não cabe na determinação (pois ao afirmar-se que algo é verde, afirma-se que há o não-verde), pode parecer que o que se atribui a alguma coisa se atribui também ao Um, como quer afirmar Robin. Mas quando se afirma uma determinação em alguma coisa, uma propriedade da sua forma, afirma-se o que não é ela, que é ser e fora daquela. Ora, quanto ao Um não há tais atribuições. As perfeições do Um Supremo são absolutas e não são limitações; por isso nele não cabem os contrários. Quando dizemos que este artefato (uma mesa, uma cadeira, etc.), tem uma unidade, esta não é absolutamente simples. Se dizemos que este ser humano é bom, não lhe damos o absoluto da bondade; nele há uma deficiência, uma ausência de bondade, que é o mal. Os atributos das coisas finitas são finitos, enquanto o do Um são infinitos em todos os aspectos. Os contrários só o são dentro de uma espécie, e representam as limitações máximas que formam os extremos polares, com seus graus. O Um não pertence a nenhum gênero, nem a nenhuma espécie; portanto, não é legítimo dele dizer algo ou o seu contrário, como o afirma Robin. Se Parmênides não soube sair dessa situação, é porque a concepção eleática era aporética. É o que pretende, sem dúvida, mostrar Platão neste diálogo. É, posteriormente, com este e Aristóteles, que a solução do Um e do Múltiplo pode ser encontrada, embora a problemática, que deriva dessas respostas, perdure ainda no pensamento humano, e se mantenha como um dos temas de debates e de especulações dos mais extensos.

PARMÊNIDES

(Continuação)

Hipótese da Não Existência do Um

— Bem, agora, se o Um não existe, não devemos examinar as conseqüências que daí resultam?
— É preciso examiná-las.

c — Que é, então, esta hipótese: se o Um não existe? Difere ela em alguma coisa desta: se o não-Um não é? — Difere ela somente, ou essas duas expressões: se o não-Um não é, e se o Um não é, e se o Um não é, não são elas absolutamente contrárias?
— Elas o são absolutamente.

— E quando se diz: se o maior não é, ou se o menor não é, ou alguma outra coisa desse gênero, não é claro que se fala cada vez da coisa que não existe como de uma coisa diferente?
— É bem claro.

D — Primeiramente se entende que é uma coisa que pode ser conhecida, depois diferente das outras, quando se diz Um, acrescentando-lhe ora o ser, ora o não ser. Porque, quando dizemos que uma coisa não é, não se conhece também qual o

sujeito desse não ser, e que é diferente dos outros. Não é verdade?
— Necessariamente.
— Voltemos, então, ao começo, e vejamos o que decorre se o um não existe. Primeiramente, é preciso reconhecer-lhe esta propriedade, parece, que ele é objeto de ciência; ou, então, não se sabe o que se diz, quando se diz: se o Um não existe.
— É verdade.
— E que as outras coisas são diferentes dele, sem o que não se poderia dizer que ele mesmo é diferente dos outros. — Certamente.

E — É preciso, então, atribuir-lhe a diferença, além da ciência; porque não é da diferença dos outros que se fala, quando se diz que o Um é diferente dos outros, mas de si próprio.
— Aparentemente.
— Ademais, o Um não participa daquele, do alguma coisa, do este, do este aqui, do destes aqui e de todos os determinantes análogos. Não se poderia falar do Um nem das coisas outras que o Um, não haveria nada quanto àquele nem àquele outro, não se poderia dizer que é alguma coisa, nem que participa do alguma coisa, nem de todas as outras coisas que acabo de mencionar.
— É justo.

161A — Portanto, ser é interdito ao Um, já que ele não é. Mas nada o impede de participar de muitas coisas, e é preciso mesmo que participe, já que o Um que não é, é aquele Um e não outro. Que se este não é Um, se este não é aquele outro, que queremos que não exista, se é qualquer outro do que se fala, é melhor não tratar dele. Mas se este é aquele Um, e não outra coisa que afirmamos não existente, é preciso que ele participe, tanto daquele como de muitas outras coisas.
— Sim, certamente.
— Há, então, também dessemelhança relativamente às outras coisas; porque as outras, sendo outras que o Um, serão também de outra sorte.
— Sim.
— De outra sorte não quer dizer diversas?

— É o que se deve dizer.
— E diverso não é dessemelhante?
— Dessemelhante, sem dúvida.

B — E se existem outras coisas dessemelhantes ao Um, é evidente que estas são dessemelhantes a qualquer coisa de dessemelhante.
— Evidentemente.
— Há, então, também, no Um, uma dessemelhança, e é em réplica a essa dessemelhança que os outros lhe são dessemelhantes.
— É provável.
— Ora, se há uma dessemelhança com as outras coisas, não é forçoso que tenha uma semelhança consigo mesmo?
— Como forçoso?

C — Se o Um é dessemelhante do um, penso eu, não estaríamos dissertando sobre uma coisa que não é o um, e segundo essa hipótese seria de outra coisa, que o Um, da qual falaríamos.
— Seguramente.
— Ora, tal é impossível.
— Certamente.
— É mister, portanto, que o Um tenha semelhança consigo mesmo.
— É mister.
— Ele não é tampouco igual às outras coisas; pois, se fosse igual seria consequentemente o mesmo, e ser-lhe-ia semelhante em virtude dessa igualdade. Tanto uma como outra são impossíveis, se o Um não é.
— Sim, impossíveis.
— Mas já que ele não é igual às outras coisas, não é forçoso que, por sua vez, as outras coisas também não sejam iguais a ele?
— É forçoso.
— E o que não é igual não é desigual?
— Sem dúvida.

D — Assim o Um participa ainda da desigualdade em relação à qual as outras coisas são desiguais a ele.

— Ele dela participa.
— Mas, na desigualdade, há grandeza e pequenez.
— Com efeito.
— Há, portanto, também grandeza e pequenez em um tal Um?
— É de temer.
— Mas a grandeza e a pequenez estão sempre distantes uma da outra.
— Certamente.
— Há, portanto, sempre entre elas algum coisa de intermediário.
— Sempre.
— Podes citar algum intermediário entre elas, fora da igualdade?
— Não, nem um outro que esse.
— Portanto, onde há grandeza e pequenez há entre ambos a igualdade.
— Assim parece.

E — Assim o Um, que não é, participa, tanto da igualdade, como da grandeza e da pequenez.
— É o que parece.
— Não é tudo: é necessário ainda que participe do ser de alguma maneira.
— Como?
— É preciso que seja do Um, como dissemos, senão não falaríamos verdade, quando dizemos que o Um não é. Mas se falamos verdade, é evidente que dizemos o que é. Não é assim?
— Seguramente é.

162 A — Já que pretendemos falar verdade, pretendemos necessariamente dizer o que é.
— Necessariamente.
— O Um, portanto, parece, assim, não-existente, pois se não fosse não-existente, pois se se deixasse alguma coisa do ser no não-ser, ele seria imediatamente existente.
— Sem dúvida alguma.

— Portanto, se ele deve continuar a não existir, deve ter como laço, que o ligue à não-existência, o ser do não-ser, exatamente como "o que existe" deve ter o não-ser do não ser para ter perfeitamente o ser. É devido a essa condição, com efeito, que o que é, poderá o mais eminentemente ser, e o que não-é, não ser. É ao participar ao ser do ser-sendo e à não existência do ser-não-sendo, que o que é poderá ser plenamente. E o que não é, deverá participar da não existência do não ser não-sendo e do ser do ser-não-sendo, se queremos que o que não é realize e, por sua vez, a perfeição de seu não-ser[58].

— É o que há de mais verdadeiro.

— Portanto, já que o que é participa do não-ser e o que não é, do ser, o Um, também, já que não é, deve necessariamente participar do ser para não ser.

— É necessário.

— Está provado que se o um não é, o próprio ser surge.

— Assim parece.

— E o não-ser também, porque não é.

— É claro.

---

58. "Se o não-ser é, será e, ao mesmo tempo, não será. Enquanto o concebemos como não-sendo, não será. Mas, em compensação, enquanto não é, será" (Gorgias). (Diès).

COMENTÁRIOS

Se a postulação da existência do Um pôs sobre a mesa tantas aporias, quer agora examinar Parmênides aquelas que surgem da negação da sua existência.

Parte da colocação de suas possibilidades para argumentar: que não há o não-Um, a não-unidade não há. Ora, afirmar-se que não há o não-Um, não se nega ainda o Um. E dizer-se que o Um não é, não é ainda afirmar que há o não-Um. Mas Parmênides coloca como contrários que se excluem.

Toda a argumentação de Parmênides, aqui, segue a mesma orientação anterior.

Se o Um não existe, tem ele o ser do não-ser. É um não-ser, e é, portanto, de algum modo. Toda a argumentação é aqui sofística, mas serve para bem delinear as fundamentais características do eleatismo. E era isso o que desejava Platão: mostrar como, seguindo a sua dialética, o eleatismo se enleia numa conceituação puramente racional à qual acaba por dar um conteúdo real, quando não passam de fórmulas próprias do abstratismo racionalista, que é uma maneira viciosa de usar a racionalidade. Falar-se do ser do não-ser, e chegar-se à afirmativa de que, para que alguma coisa seja, é mister ter o não-ser do não-ser, constitui, na verdade, um jogo de palavras a que leva fatalmente o racionalismo, que, à semelhança do eleatismo, realizou, no ocidente, na época moderna, as falsas análises, que serviram para que a filosofia conhecesse um instante de refluxo, do qual nos cabe sair, sem necessidade do extremo contrário do irracionalismo, outra forma viciosa que padece de um mal, semelhante àquele.

PARMÊNIDES

(Fim do Diálogo)

— É possível que o que é de uma certa maneira, não seja dessa maneira, se não passa de um estado a outro?
— Tal não é possível.
— Assim todas as vezes que uma coisa está em tal estado, e não está mais, manifesta uma mutação.
— Sem dúvida.
— Mas quem diz mutação diz movimento, ou outra coisa?
— Diz movimento.
— Ora, não vimos que o Um é e não é?
— Sim.
— Parece, portanto, estar num estado e não estar nele.
— Assim parece.
— O Um, que não é, aparece-nos também em movimento, pois que pareceu mudar do ser ao não-ser.
— Contudo, se ele não está em nenhuma parte entre os seres, e não está em nenhuma parte, se não existe, não poderia ele deslocar-se de um lugar para outro.

— É possível.
— Como o poderia com efeito?
— Portanto, não é por deslocamento que se mudará.
— Não, com efeito.
— Ele não teria ademais rotação no mesmo, pois não tem nenhum contato com o mesmo, pois o mesmo é um ser, e o que não é, não pode estar num ser.
— Com efeito, é impossível.
— Portanto, o Um, que não é, não pode ter rotação em qualquer coisa em que ele não está.
— Certamente não.
— O Um não sofre, ademais, deve-se crer, alteração em si mesmo, nem o Um, que existe, nem o Um que não existe, pois, se sofresse alguma alteração, não seria mais dele que dissertaríamos, mas de outra coisa.
— É justo.
— Mas se ele não se altera, se não se volve, se não se mexe, poderia ter alguma espécie de movimento?
— Qual poderia?
— Mas o que não se mexe está necessariamente em repouso, e o que está em repouso é imóvel.
— Necessariamente.
— Portanto, o Um, que não é, parece estar imóvel e em movimento.
— Assim parece.
— Ademais, se ele está em movimento, é de toda necessidade que ele se altere; pois quanto mais uma coisa se move, tanto mais ela se afasta de seu primeiro estado para alcançar a um outro[59].
— É exato.
— E, em se movendo, o Um também se altera.
— Sim.

---

59. Plotino diz o mesmo (Enêades, VI, III, 637 b): a coisa movida, enquanto dura o movimento, passa sem cessar a um outro estado, e esse novo estado não se fixa a si mesmo, pois, se a alteração cessasse "seria a morte do movimento". Ao contrário, o escoliasta Procl. Suppl. (Cousin, 1306) lembra, como o "sofisma" de Parmênides a teoria de Aristóteles sobre a alteração. (Diès).

163A — Mas se ele não se move de nenhuma maneira, ele não se altera de nenhuma maneira.
— Absolutamente não.
— Portanto, se ele se move, o Um, que não é, se altera, e enquanto ele não se move, não se altera.
— Não, com efeito.
— Assim o Um, que não é, altera-se e não se altera.
— É evidente.

B — Mas o que se altera deve necessariamente tornar-se outro que antes, e perecer o seu primeiro estado. E não alterar-se não é escapar ao dever como ao perecer?
— Necessariamente.
— Portanto o Um, que não é, se ele se altera, nasce e perece e, se não se altera não nasce nem perece, e assim o Um, que não nasce nem perece, nem nasce nem perece.
— Perfeitamente.
— Voltemos agora outra vez ao começo, para ver se as coisas nos parecerão ainda tais, como no presente, ou diferentes.
— Não podemos deixar de fazê-lo.
— Se o Um não é, como dissemos, que daí resultará para ele?
— É isso.

C — Quando proferimos: não é, queremos indicar outra coisa que a ausência de ser no que proferimos não-ser?
— Não, apenas isso.
— Quando dizemos que uma coisa não é, não dizemos que ela não é de certa maneira, mas sim que ela é de uma outra maneira? Ou, então, essa expressão não é significa rigorosamente que o que não é não existe absolutamente de nenhuma maneira, e que não participa de modo algum da existência?
— Seu sentido é o mais absoluto possível.

D — O que não é não poderia, portanto, nem ser nem participar da existência de nenhuma outra maneira.
— Não, com efeito.
— E nascer e perecer é acaso outra coisa que receber o ser, e outra que perdê-lo?

[253]

— Nenhuma outra.
— Mas o que não participa de nenhuma maneira do ser, não pode nem receber nem perder.
— Como poderia, com efeito?
— Portanto o Um, já que ele não é de nenhuma maneira, não pode ter, nem cessar de ter, nem participar do ser de qualquer maneira.
— Assim parece.
— Portanto, o Um, que não é, não perece nem nasce, pois não participa do ser de nenhuma maneira.
— Parece certo.

E — Ele não se altera, portanto, também de nenhuma maneira; pois se sofresse alteração, imediatamente nasceria e pereceria.
— É verdade.
— Mas se ele não se altera, não se segue forçosamente que ele não se move?
— Necessariamente.
— E contudo, afirmamos que o que não está em nenhum lugar é imóvel; o imóvel, com efeito, deve sempre estar no mesmo lugar, portanto em algum lugar.
— Sim, num mesmo lugar, evidentemente.
— Repitamos, então, que o que não é, não está jamais imóvel nem em movimento.
— Não está, sem dúvida.

164A — Ademais, nada do que é, é seu; pois, participando de alguma coisa, participaria, por isso mesmo, do ser.
— É evidente.
— Portanto, não há nem grandeza, nem pequenez, nem igualdade.
— Seguramente.
— Nem tampouco semelhança nem diferença, quer em relação a si mesmo, quer em relação às outras coisas.
— Assim parece.
— Mas que podem ser para ele as outras coisas, já que nada lhe pertence?
— Nada.
— As outras coisas não lhe são, portanto, nem semelhantes, nem dessemelhantes, nem idênticas, nem diferentes.

[254]

— Não, com efeito.
— É justo.
— Mas qual? os termos: de aquilo, para aquilo, alguma coisa, daqui, dali, de um outro, para um outro, antes e depois e agora, ciência e opinião, e sensação, e definição ou nome, ou não importa o que sejam poderão se relacionar ao que não é?
— De nenhuma maneira.
— Então, o Um, que não é, não tem, sob nenhum aspecto, nenhuma determinação[60].
— É a conclusão, parece: nenhuma, e sob nenhum aspecto.
— Digamos agora quais caracteres recebem as outras coisas, se o Um não é.
— Estou pronto para ouvir.
— É necessário, penso, que sejam outras; pois, se não fossem outras, não se falaria de coisas outras.
— No meu pensar, é assim.
— Nós acentuamos bem que o que é diferente, é diferente de uma coisa diferente, e o que é outro, é outro que alguma coisa outra?
— Sim.
— Há, então, também, para as outras coisas, se elas devem ser outras, alguma coisa relativamente ao que elas são outras.
— Necessariamente.
— Que será então? Não é relativamente ao Um que elas serão outras, pois o Um não é.
— Não, com efeito.
— É, pois, em relação umas às outras que elas são outros; pois não lhes resta outro recurso, sob pena de serem outras para nada.
— É, pois, de pluralidade em pluralidade, que são mutuamente outras; o ser um a um lhes é, com efeito, impossível, pois não há o um. Seus conjuntos, que parecem individuais são, cada um, pluralidade infinita em número[61]. E quando se julga ter tomado

---

[60]. A primeira e a sétima hipótese atingem, uma e outra, ao nada, do qual nada se pode pensar nem nada dizer. Os neoplatônicos distinguiram um duplo nada: o primeiro está além do ser, inefável, porque transcendente: o último é aquém do ser: é o "o abismo do nada". A primeira hipótese "colocava o Um como termo a que aspira o esforço de gestação da alma, depois o suprimia para significar a sua transcendência incaptável". A sétima suprime tudo, até o esforço do pensamento (Damáscio, Ruelle, II, 310). (Diès).

[61]. Assim Taine decompõe, em moléculas de sensações, "esses conjuntos de sensações que a consciência bruta capta" (De l'Intelligence, 5ª ed., 1,pag. 176). (Diès).

o que parece menor, subitamente, como num sonho, do Um, que parecia ser, aparece o múltiplo, e, de extremamente pequeno, parece extremamente grande, comparado às frações do qual é formado.
— É muito justo.
— É, então por conjuntos dessa natureza que, mutuamente, as outras coisas serão outras, se elas são outras, quando não há o Um.
— Seguramente.
— Há, então, uma multidão de conjuntos, em que cada um parece um, mas não o é, porque não há o Um.
— É justo.

E — Parece também formarem um número, se cada um parece ser Um pelo fato de sua pluralidade.
— Perfeitamente.
— Entre eles, algumas são pares, e o resto ímpares, mas será mera aparência, pois que o Um não existe.
— Com efeito.
— Ademais, dissemos, elas parecerão ter inclusas, nelas, a quantidade menor, mas esta quantidade parece múltipla e grande, comparada a cada um dos numerosos e também menores elementos, que as compõem.
— Incontestavelmente.

165A — Além disso, cada conjunto será julgado igual às suas numerosas e pequenas partes, pois deixarão de ter a aparência de grande e a de pequeno, senão em comparação a um aparente intermediário, e teremos, então, um simulacro de igualdade.
— Parece que assim é.
— O conjunto parece então limitado relativamente a um outro conjunto, já que não tem, de si para si, nem começo, nem fim, nem meio?
— Por que razão?

B — Por esta: nesses conjuntos, se se considerar alguma parte como uma dessas três coisas, ver-se-á aparecer sempre antes do princípio um outro princípio, após o fim um outro fim, e, no

[256]

meio, alguma coisa de mais central que o meio, mas menor ainda, porque é impossível conceber tais limites nesses conjuntos, tomados um e outro, visto que o um não existe.
— É a pura verdade.
— Então, seja como for, o ser que se busca pelo pensamento, parece-me, que se quebra em pequenos pedaços, pois o que cada vez se captará será como um bloco, no qual nada há de um.
— Está certo.

c — E quem as vê de longe, com um olhar enevoado, cada um desses conjuntos, parece forçosamente um, mas a quem o vê de perto, com espírito penetrante, cada um parece infinito em número, pois que é privado do um, que não é[62].
— É absolutamente forçoso.
— Então é necessário que as outras coisas pareçam todas ilimitadas e limitadas, umas e múltiplas, se o Um não é, as coisas outras, diferentes do Um, existiriam.
— É preciso, com efeito.
— Não parecem elas ser ao mesmo tempo semelhantes e dessemelhantes?
— Por que meio?
— Tomemos, por exemplo, um quadro em perspectiva: visto à distância, tudo parece um, tudo tem aparência de identidade e de semelhança.
— É verdade

D — Mas quando nos aproximamos, tudo parece múltiplo e diferente, e, graças à este aspecto, diferente, diverso e mutuamente dessemelhante.
— É bem isso.

---

62. "Ao dividir sempre, encontra-se sempre o ser que é a unidade, e o buscamos sem nunca o achar. A composição não é senão uma representação e uma imagem enganadora do ser. É um não sei que, que se funde em minhas mãos desde que o tomo. Quando menos nele penso, e apresenta-se a mim, dele não posso duvidar: eu o tenho: eu digo "ei-lo aqui". Quero tomá-lo mais perto e aprofundá-lo, não sei mais em que se torna" (Fénelon Existence de Dieu). (Diès).

— Os conjuntos parecem, portanto, forçosamente semelhantes e dessemelhantes a eles-mesmos, e uns aos outros.
— Certamente.
— Portanto, mutuamente ainda, idênticos e diferentes, em contato e separados, movidos por todas as espécies de movimento como também imóveis sob todos os pontos de vista, e submissos, assim como subtraídos ao nascimento e à morte, grávidos de todas as oposições imagináveis: pormenorizá-los nos seria fácil no momento em que, não havendo o Um, há pluralidade.
— É uma verdade absoluta.

E — Agora, voltemos ainda uma vez as começo e digamos, se o Um não é, o que são as outras coisas diferentes do Um.
— Digamo-lo.
— As outras coisas, então, não serão mais umas.
— Como, com efeito, seriam elas?
— Nem várias tampouco, porque se elas fossem múltiplas, o Um também estaria nelas, e se nenhuma delas não é uma, todas não seriam nada, e por conseguinte, não haverá mais a pluralidade.
— É verdade.
— Mas se não há o Um nas outras coisas, estas não são nem múltiplas nem umas.
— Com efeito.
— E serem um ou múltiplo seria mera aparência.
— Por que?

166 A — Porque as outras coisas não tem jamais relação de nenhuma sorte, de nenhuma comunidade, de nenhuma espécie, de nenhuma relação com coisas que não são, e nenhuma das coisas que não são, não se acha em nenhuma das outras; pois as coisas que não são, não tem partes.
— É verdade.
— Não há, então, nas outras nem opinião, nem aparência do que não é, e sob nenhuma relação, nenhuma maneira, o que não é pode ser imaginado pelos outros[63].

---

63. As únicas relações consideradas nessas nove hipóteses estão relacionadas ou do Um aos Outros, ou dos Outros ao Um, ou dos Outros entre si. A imagem ilusória do Um não poderia ser senão "em" os outros e concebida "pelos" outros. Todos nossos manuscritos dão hypo; nossos dois comentadores o lêem: nada se pode suspeitar. (Diès).

— Com efeito.

B — Se então o Um não é, nenhuma das outras coisas não podem ser concebidas, nem como um, nem como vários; pois, sem o Um, é impossível de conceber a pluralidade.

— Impossível, com efeito.

— Se então o Um não é, as outras coisas nem são, nem não são concebidas, nem como unidade, nem como pluralidade.

— E parece bem que não.

— Nem, por conseguinte, semelhantes nem dessemelhantes.

— Não, com efeito.

— Nem idênticas nem diferentes, nem juntas nem isoladas, e tudo isso, no decorrer dos nossos raciocínios precedentes, dissemos que elas não parecem ser: mas outras coisas não são, nem parecem ser nada de tudo isso, se o Um não é.

— É verdade.

C — Então, para resumir em poucas palavras: se o Um não é, nada é, não falaríamos com justeza?

— Com rigorosa justeza.

— Digamos ainda estas palavras: que o Um é ou não é, ele e os outros, ao que parece, e em sua relação a eles mesmos e em suas relações mútuas, sob todos os pontos de vista possíveis, são tudo e não são nada, parecem tudo e não parecem nada.

— É perfeitamente verdadeiro.

COMENTÁRIOS

Não pode o Um passar de um estado para outro, pois é absolutamente simples. Parmênides alcança essas afirmativas seguindo o roteiro da sua dialética. Não sofre mutações de qualquer espécie; não ocupa um lugar, não padece de movimento. E, por isso, afirma que não existe, porque, para ele, existir é apenas estar no tempo e no espaço como algo que perdura. Parmênides alcança apenas o pensamento do Um, dentro da esquemática física do grego, tão corpórea e tão estreita, da qual só Platão abrirá o caminho de uma libertação, o que já fora tentado por Pitágoras, sem o êxito que desejava, pois seus discípulos não alcançaram toda a profundidade de seu pensamento, como o provamos em *Pitágoras e o Tema do Número*.

No exame dessa parte do diálogo, vê-se que Parmênides é levado, por sua dialética, a afirmar que ao Um não cabe o existir das coisas físicas. Desse modo, o seu ser é não-ser em relação às coisas do mundo corpóreo, e o ser destas é o não-ser daquele. Conclui, afinal, que o Um, que não nasce, não perece, nem nasce nem perece.

Conclui Diès que esta parte do diálogo nos mostra que Parmênides alcança ao nada. Mas é preciso distinguir claramente qual *nada*. Ao nada absoluto é absurdo, pois, não é o que ele alcança, mas, sim, ao não-isto ou não-aquilo; ou melhor, ao Um não se pode predicar nenhuma determinação limitativa. Há, aqui, uma semelhança ao pensamento budista do nirvana, pois o Ser Supremo, para essa concepção, é o nirvana, cujo radical *ni* é o negativo da determinação, o que não é determinado, o indeterminado, o que não recebe determinações, o qual é, visto desse ângulo, um não-ser do ser-finito.

Mas afirmar tal coisa, não é afirmar que o Um é nada, mas apenas que o Um é nada do que é determinado. O ser do Um não é o ser das outras coisas. E é o que se conclui das palavras de Parmênides 164 b: "Então o Um, que não é, não tem, sob nenhum aspecto, nenhuma determinação". Compreenda-se, nesse *não-é, o não-ser o que as outras coisas são*; isto é, seres determinados.

Estamos agora predicando o não-ser ao Um, mas esse não-ser não é o nada absoluto. E é Parmênides que o vai demonstrar, seguindo a rota do eleatismo. As coisas outras são outras em relação umas às outras, se nós predicássemos um não ser absoluto ao Um. E como não são umas, seus conjuntos são infinita pluralidade. A pluralidade dos conjuntos parece uma pluralidade de uns, mas como não há o Um, não há o um, e elas não são, portanto, umas. Não são nem múltiplas nem umas. Se o Um não existe, não existem também as outras coisas. Em suma, conclui Parmênides, se o Um não existe, nada existe.

E é a impossibilidade de enfrentar esse absurdo, que nos levará fatalmente a afirmar o Um.

A solução de Parmênides obedece aos cânones da Aporética. Se encontramos aporias em afirmar o Um, maiores ainda encontraríamos ao negá-lo, pois essa última posição nos levaria ao nihilismo absoluto.

Deve-se preferir, dentro dos cânones da Aporética, a posição que, embora apresente aporias, não leva ao absurdo absoluto, e este surge, no eleatismo, ao negarmos o Um, pois seria afirmar, então, o nada absoluto.

Dessa forma, aporeticamente até, a posição do eleatismo é mais justa que a sua negação, porque, se aquela leva a aporias, não procede como esta, que leva ao absurdo absoluto: ao nada absoluto.

COMENTÁRIOS FINAIS

Depois de havermos, na parte introdutória deste diálogo, examinado a concepção platônica da participação, nos comentários que passaremos a fazer, salientaremos apenas o que ficou positivado através das análises empreendidas.

O modo de ser das formas, para Platão, não é nem singular nem universal. Para Aristóteles é universal. Mas se Platão singularizasse as formas, teria de dar-lhes uma figura, que de certo modo as limitaria. Estas são os poderes do Ser, formas exemplares. O Ser pode tudo quanto pode ser, tudo cuja presença de ser não implica uma contradição intrínseca com o próprio Ser. A roda quadrada é impossível, porque o ser redondo exclui o ser quadrado. Mas o ser quadrado ou o ser redondo não excluem o ser. Quando alguma coisa pode imitar o quadrado (este quadrado de madeira, ou esta circunferência de uma roda), elas não são nem o quadrado, nem a circunferência como formas. Mas, como são entidades, podem ser tudo quanto pode ser proporcionado à sua natureza. Assim, cada ser pode imitar tudo quanto pode imitar, tudo quanto é proporcionado à sua natureza, cuja afirmativa não o negaria como ser. E esta é a participação platônica. E essa participação é gradativa e formal. Esta madeira participa da circunferência, porque a imita, não é, porém, a circunferência. Compreende-se, assim, que o pensamento platônico da participação (*metexis*) é perfeitamente adequado ao pensamento pitagórico da imitação (*mimesis*). Participar é imitar, imitar é participar.

Todas as formas são da ordem do ser e, nele, são eternas e imutáveis, pois se nascessem ou perecessem, o ser receberia uma ampliação de ser ou o perderia. E se tal se desse, ou viria do nada, o que é absurdo, ou se tornaria em nada, que também o é.

Se não se compreender assim o pensamento platônico, tende-se a vê-lo desfiguradamente. E ademais seria uma afronta à sua inteligência.

As formas estão separadas das coisas que delas participam. Mas se estão separadas, não quer tal dizer que sejam elas seres singulares, nem universais. É um modo de ser formal.

Segundo as normas da filosofia concreta, que é a nossa, o verdadeiro pensamento de um filósofo é aquele que é rigorosamente estabelecido sobre bases ontológicas. Muitas vezes, no processo do desenvolvimento do seu pensamento, por uma fraqueza que impede realizar uma distinção necessária, pode o filósofo afastar-se do seu genuíno pensamento e alcançar afirmativas que estão em completa contradição com os seus postulados. Neste caso, deve-se reconhecer que o filósofo errou contra si mesmo e, para nós, deve prevalecer, não a sua afirmativa já desviada, mas aquela que é genuinamente estabelecida por uma rigorosa decorrência do seu pensamento. Levado o exame de uma filosofia, como a platônica, seguindo fielmente as normas da dialética ontológica, que propomos em nossos trabalhos, pode-se reduzir o pensamento desse autor a uma série de postulados rigorosos, e dos quais se pode inferir, com o mesmo critério, quais as afirmativas que deles decorrem, de modo a evitar as interpretações que são comuns no exame da obra de Platão, que efetuaram outros exegetas, que, a nosso ver, mais contribuíram para obscurecer o seu pensamento do que para aclará-lo.

À proporção que publiquemos e comentemos os diálogos platônicos, teremos oportunidade de tecer as análises que se impõem, e esclarecer os diversos pontos, onde há a exposição clara e decisiva de um pensamento profundamente delineado e sustentado por fortes raízes ontológicas, com todo o rigor que desejamos, à semelhança do que expusemos em *Filosofia Concreta*. No entanto, tal não impede que aqui, possamos, agora, estabelecer algumas teses fundamentais do pensamento platônico, que muito nos auxiliarão a compreensão do seu pensamento.

Pode-se dizer, sem o menor receio de errar, que o pensamento platônico funda-se, precipuamente, na *participação*. É esta o ponto básico e o ponto de partida para toda e qualquer análise da sua obra.

A tese pode ser reduzida deste modo:
Todo ser finito é um ser participante.
Daí decorrem os seguintes corolários:
Ser finito é ser participante. O ser finito não tem o ser em sua plenitude, pois não tem em si mesmo a sua razão de ser.
Se há um ser participante, há um participado. E consequentemente, também, um participado que não participa, por sua vez, de nenhum outro ser. Em suma: há um ser que tem em si a sua plenitude de ser e a razão suficiente de seu próprio existir.

Tais corolários decorrem inevitavelmente do que foi examinado. E se Platão expusesse sua filosofia pelos moldes da filosofia concreta, que é a nossa, ele poderia estabelecer, desse modo, os postulados decorrentes rigorosamente do pensamento por ele exposto.

Outras teses daí decorrem:
O participante, não tendo a plenitude do ser do participante, daquele se distingue por menos e não por mais. É, portanto, menos que o participado, no ângulo do que participa.

Neste caso, a perfeição, de que participa, é, no participante, em grau menor que no participado, pois, do contrário, com aquela se identificaria.

Ou, então, a superaria. Se a superasse, o participado não o seria tal, mas, sim, participante, pois teria, em parte, a perfeição. Se houvesse identidade, a participação seria por composição e, neste caso, o participante teria, em toda a plenitude, a perfeição do participado, que, neste, se localizaria, o que é absurdo e contrário ao que postula o pensamento platônico.

Consequentemente, a participação platônica só pode ser formal e não por composição.

Se é formal, é ainda preciso examinar-se se é dentro das normas dialéticas ontológicas da filosofia concreta.

Ora, vimos que a perfeição participada pelo participante é, neste, menor que no participado. Ela, portanto, assemelha-se àquele e também dele se distingue.

Neste caso, a perfeição participada é, no participante, análoga à perfeição do participado.

É uma decorrência rigorosa, pois, do contrário, só poder-se-iam dar duas hipóteses: que a perfeição participada fosse, tanto no participante como no participado, idêntica, o que já vimos ser impossível; ou, então, que fossem absolutamente diferentes, o que seria a oposição total e absoluta da identidade. Neste caso, num, o ser, que nele há, é totalmente outro que o ser que há no outro. Teríamos, aqui, uma tese dualista, pois haveria uma ruptura no ser e, consequentemente, um total e absoluto abismo entre ambos, uma total e absoluta impermeabilidade entre ambos. E como em tal caso poder-se-ia falar de participação? Não se poderia dar participação entre seres absolutamente opostos. O participante não participaria, portanto, de nada do participado e, neste caso, estaria aquela negada.

Consequentemente, decorre daí que a participação implica uma semelhança e uma diferença, ou seja, entre o ser participante e o participado há algo que os assemelha e algo que os distingue, que os separa. Em suma, esse é o conceito da analogia. A participação platônica é, portanto, analógica e, neste caso, os participantes se analogam, como analogados, a uma perfeição que procede como analogante.

Necessariamente:

A concepção platônica da participação indica que esta se realiza pela via da analogia.

Decorre do pensamento platônico que as formas não são físicas, pois se o fossem, ao serem participadas por outros, só poderiam estar nestes fisicamente, e, portanto, a participação seria por composição física. Pois, como poderia um ser físico A participar do ser físico B, a não ser que este com aquele compusessem um ser físico, decorrente de ambos, AB?

Se o ser B é participado por A, e pode ser participado por C e D, não o é fisicamente, pelas razões já expostas. Só o poderia ser formalmente. Eis, portanto, que se pode compreender, de um modo rigorosamente apodítico, que o pensamento platônico afirma a *participação formal*.

E, neste caso, poder-se-ia dizer que o ser A, C e D participam de B, mas não de B como ser físico, mas participam também da forma de B. E este, por sua vez, também é participante de uma forma de que os outros, A, C e D participam. A participação, mais uma vez, só pode ser formal.

Conclusão: *a participação, para Platão, só pode ser a formal*.

Ora, as formas podem ser físicas e, se não são físicas, o que as distingue, umas das outras, também não pode ser físico.

A única distinção que pode haver entre as formas é formal, e apenas formal.

E se a distinção, que se dá entre as formas, é formal, e não física, entre as formas não há diástemas espaciais, não há distâncias físicas, não há, em suma, nada que as distinga fisicamente.

— *Entre as formas não há nenhuma distinção física*.

E se entre as formas não há a possibilidade de estabelecer qualquer distinção física, elas não têm a menor fisicidade. Consequentemente

As formas são absolutamente formais.

E como decorrência rigorosa, não há topicidade (um *topos*, um lugar), não há extensões nem intensidades, não há distâncias, tempo, nem espaço, etc.

As formas estão fora do tempo e do espaço, e são eternas enquanto tais.

Estabelecidos estes pontos, só poder-se-ia conceber a participação platônica como formal. Neste caso, o ser físico participa da forma, mas participa dela formalmente. Como se poderia compreender essa participação?

Já demonstramos que não poderia ser física. Só poderia participar formalmente. E como poderia o ser, que é físico, participar da forma? Só o poderia participar por imitação (*mimesis*). Vê-se, pois, perfeitamente, que o pensamento platônico se concilia com o pitagórico. Mas, como poder-se-ia dar essa imitação?

Na imitação, o imitante, imita o imitado, proporcionadamente à sua natureza. Pois se o imitante imitasse o imitado desproporcionadamente, teríamos um fato que ultrapassaria a sua natureza; ou seja, um fato sobrenatural.

Ora, o ser que imita a perfeição absoluta da forma, não se identifica com ela, já vimos. Portanto, também não se identifica com ela ao imitá-la, pois o imitante não se identifica com o imitado ao imitá-lo.

Já se estabeleceu que não há um dualismo principal em Platão, e que não há impermeabilidade entre os entes. Os entes são e, como tais, em todos, há ser. O ser que todos participam dá-lhes a positividade suficiente.

Só o nada não poderia imitar o ser. Só o nada não poderia participar do ser, porque o nada é nada.

Consequentemente:

Só o ser pode imitar o ser. E o ser, que é isto ou aquilo, pode imitar o ser que é isto ou aquilo, proporcionadamente à sua natureza de ser isto ou aquilo.

É o ser, portanto, que há em tudo quanto tem positividade, que é a raiz e a razão da participação.

O ser que há em tudo que é, é a razão real e suficiente da participação.

A forma é ser e não nada. O ser isto ou aquilo participa da forma, porque ambos são seres. E só o ser seria a razão suficiente da participação, porque o nada nada pode participar. Sendo o nada a contradição do ser, o que é àquele é negado, é consequentemente afirmado a este. O nada não pode participar. Portanto, só o ser pode participar. E é evidente; pois como o que não é poderia participar do que é?

Ora, o ser é a positividade do que é. Ser é a aptidão para existir, para dar-se. O nada não tem aptidão para existir. Neste caso, há entre todos os entes que são, entre todas as entidades, que são, um ser que em todas se univoca: é a *presença*, a positividade. São os modos de ser que distinguem uns de outros, mas, em ser, todos sem univocam.

E essa univocidade é dada pelo Ser Supremo, fonte e origem de todos os entes que a todos sustenta e dá positividade. Este ser, que demonstramos em *Filosofia Concreta*, é uma decorrência também rigorosa do pensamento platônico. E nós já demonstramos que o dualismo platônico era apenas um equívoco de alguns exegetas, que não compreenderam que a distinção não implica a separação abissal, e que a harmonia pode perfeitamente conciliar os distintos, como se vê no pensamento criacionista.[64]

As formas estão separadas das coisas que delas participam
É um corolário do que foi demostrado até agora. As formas estão separadas das coisas que delas participam. São substâncias separadas das substâncias que as imitam. Mas já mostramos o que entendia Platão por *substância* e *separação*. Se as formas não fossem separadas das coisas a elas analogadas, estariam nas coisas ou em nós. A posição platônica, em face dos universais é realista. As formas tem uma realidade, mas formal. E a realidade formal não se singulariza nem se universaliza. É um modo de ser formal que pertence ao poder do ser. As formas são possíveis do ser, poderes do Ser, exemplares formais. A interpretação de Tomás de Aquino é ainda a mais consentânea e justa. E o realismo moderado é o que melhor está adequado ao pensamento de Platão.

E é esta a razão por que um ente, que ora tem esta forma, pode, depois, receber outra, graças a uma causa eficiente que o informa. A nova forma é um possível que está dentro da ordem e da lei que regem as coisas, e é através dessa lei e dessa ordem que se revela a hierarquia das formas. Como este ponto é de magna importância, e como surge com mais evidência em outros diálogos, a ele

---

64. Em "Pitágoras e o Tema do Número", examinamos o dualismo platônico e ao que, na verdade, ele se reduz.

volveremos oportunamente, trazendo a contribuição da nossa análise, que se funda nos métodos da filosofia concreta, por nós exposta.

É no tocante à perfeição que as concepções de Aristóteles e de Platão se distinguem. Aristóteles é empirista-racionalista e a esquemática da conceituação física é nele predominante, levando-o a colocar a perfeição na substância individual. Este cavalo, aqui e agora, é mais perfeito que a cavalaridade, é mais perfeito que a sua forma. Ademais, há apenas uma existência real para ele, que é a individual, pois as formas não se dão fora das coisas. E é o indivíduo o mais perfeito, porque é mais determinado, já que ele é a última determinação da sua espécie, e é uma existência real.

Para Platão, é o contrário. A perfeição é do *logos* de que as coisas participam. Nenhum ser individual realiza plenamente a perfeição específica, pois, nenhum ente, individualmente, é tudo quanto, dentro da sua espécie, pode ser. Esta abrange, portanto, um âmbito muito mais vasto e nela se incluem todas as perfeições possíveis das determinações, não atualizadas axiologicamente por Aristóteles. Mas o *logos*, que é o inteligível das coisas, (para Platão não se separa do ontológico, pois este é o *logos* da entidade), é a razão de ser do que é isto ou aquilo. O ser inteligente é aquele que capta a inteligibilidade do *logos* das coisas, e que pode analisar, extensa e intensamente, o que um ser é.

Mas a inteligibilidade das coisas não é, para ele, portanto, aquela que se cinge aos esquemas noéticos do homem, como o pretende o idealismo moderno, mas a que busca ligá-lo ontologicamente aos *logoi* analogantes.

A perfeição maior está aí. E é nessa diferença de pensar que se polariza toda a filosofia posterior, incluindo ainda as tentativas de conciliação ou até de superação do pensamento de um e de outro, como o vemos em Tomás de Aquino, em Duns Scot, e, anteriormente, em Avicena.

E há fundamento nessas tentativas, porque, sob o ponto de vista lógico e metafísico, ambas posições estão ligadas por um mesmo nexo.

É preciso distinguir, na atribuição por participação, quando o atributo faz parte da essência do sujeito, e quando a atribuição é puramente acidental. Na atribuição por participação, verifica-se que o predicado é uma parte do sujeito e não propriamente que o sujeito participe do predicado.

A atribuição por essência distingue-se da atribuição por participação por serem idênticos, naquela, sujeito e predicado.

Em Deus, o Ser pertence-lhe por essência, enquanto pertence à criatura por participação, pois, no primeiro, se identifica com ele, enquanto a criatura o recebe.

Na essência humana, a animalidade e a racionalidade não são duas perfeições separadas e estranhas que se unem, formando uma totalidade. Não há aí uma adição, mas apenas a passagem de um estado potencial para o atual. Na animalidade, já estava confusamente (fundida com ela) a humanidade, e, por isso, se dá a unidade de essência do homem. Esse pensamento é de Tomás de Aquino. O gênero contém, de maneira confusa, as suas espécies, que são determinações desta. A diferença específica não é algo que está fora do gênero, mas uma determinação que se dá neste.

O pensamento de Tomás de Aquino fundamenta o que há de positivo no evolucionismo, excluindo-lhe os vícios que o maculam. Veja-se em *De veritate.*, qu. 21, a 1, c... *sed animal per hominem contrahitur, quia id quod determinate et actualiter continetur in ratione hominis implicite et quase potentialiter continetur in ratione animalis*". E poderíamos ainda citar outras passagens de sua obra, mas esta é suficiente.

O advento do homem é uma explicitação (atualização do que já estava *confuse* no animal), efetivada pela providência do Ser Supremo; isto é, já providenciado pela ordem universal, de modo que o advento do homem só se daria depois da efetivação dos graus inferiores da evolução biológica, o que está bem delineado, embora alegoricamente, no livro do Gênesis. O surgimento do homem, neste planeta, advém depois de já efetivadas a evolução animal, até que aquele se tornou efetível. Tudo foi *providenciado* para que o homem surgisse, e a sua criação não é algo que se dá fora da natureza, mas na natureza, e através da sua evolução. As causas, que o determinariam, já haviam sido dadas, faltando apenas o *momento* bio-histórico, que permitiria que ele adviesse (*advento*). A evolução animal atingiu um tal estado que poderia ser *assumida* pela inteligência, pela racionalidade, isto é, o ser animal podia receber a forma racional.

Distinguindo-se a atribuição por essência de a atribuição por participação, sendo, na primeira, sujeito e predicado idênticos, enquanto, na segunda, o predicado essencial ou acidental é atribuído ao sujeito concreto, e do qual é ele parte, facilita-se a compreensão da *forma* platônica e a distinção entre esta, como forma subsistente, e a sua participação pelo sujeito sensível, que não a é, mas dela participa.

Quando dizemos que João é homem, dizemos que *tem* humanidade, e não que ele *é a* humanidade. Este é simples em sua formalidade, e se existisse subjetivamente, como algo presente em sua estrutura, contido em seus limites, haveria a humanidade em si mesma.

Neste caso, em João, a humanidade compor-se-ia com algo mais (corpo) para formá-lo. Se ela existisse subjetivamente, ela seria singular, uma dada singularidade. Mas as formas, para Platão, não são singularidades subjetivamente dadas, limitadas por um sujeito; são formalmente dadas, são poderes de ser, entidades formais (eidéticas), e a sua substancialidade não é a da concepção aristotélica. São substâncias, *ousiai*, no sentido de que são entidades e não meros conceitos, mas seu modo de ser é formal; ou melhor, do poder do ser. O ser humanidade e esse poder distinguem-se dos outros poderes. A substância desse poder é o próprio ser que pode (o *Possest*, de que falará, posteriormente, Nicolau de Cusa). É um pensamento desse *Possest*, dessa *potensão*, como o chamamos, dessa tensão-que-pode-tudo-quanto-pode-ser-ser. Essa "substância" é separada das coisas estas ou aquelas do mundo cronotópico, não separada do Possest, do qual se distingue apenas formalmente, o que foi compreendido e sentido por Duns Scot. Assim a justiça, a bondade, a verdade são o próprio Ser Supremo, o Bem Supremo, pois o Bem Supremo é também o Supremo Ser, como o mostramos anteriormente, são dele inseparáveis, mas separadas das coisas que delas participam (no sentido platônico), ou que as imitam, segundo a sua intencionalidade, relativa à sua natureza (no sentido da *mimesis* pitagórica retamente entendida).

Eis por que não há subjetivamente a *humanitas*, nem a bondade, nem a justiça, nem nenhum dos arquétipos e dos paradigmas platônicos, pois, do contrário, seriam substâncias singularizadas. Tais substâncias, no sentido platônico, não são singulares nem universais, são um modo de ser eidético do *Possest*, como tão bem o compreendeu Avicena e, posteriormente, Nicolau de Cusa.

Semanticamente, *dynamis (potentia)* é a faculdade de poder, no sentido do *katà dynamin pasan*, o poder de fazer. Nesse sentido, os arquétipos são os poderes da omnipotência do Ser Supremo, que pode tudo quanto pode ser. Outro sentido é o de aptidão de ser, de tornar-se, que é o usado por Aristóteles. Finalmente, temos o sentido absoluto, usado na literatura, como força física, moral, natural, militar, de dominação, etc.

No *De Potência*, Tomás de Aquino concreciona as duas primeiras acepções, ao falar na potência divina, potência ativa, potência de fazer, distinguindo-a claramente da potência passiva, potência de sofrer. A primeira não implica restrição alguma à perfeição divina, pois quem pode mais pode menos, enquanto a segunda a implica.

Reúne, assim, os conceitos de Platão e de Aristóteles, embora este também distinguisse a potência ativa de a passiva, sem, contudo, atualizar explicitamente tal aspecto, como o fez Platão.

Por isso, poder-se-ia dizer que as formas arquetípicas são modos de ser eideticamente dinâmicos, desde que se dê a *dynamis* o conceito platônico, ou sejam, poderes ativo-formais do Ser Supremo.

Retornando às formas platônicas, tantas vezes incompreendidas, cuja má colocação gestou tantas disputas na filosofia, impõe-se esclarecer certas passagens, cuja melhor compreensão muito cooperará para uma conceituação mais clara do tema máximo da filosofia de Platão.

Tomás de Aquino em *De Hebd.* cap. 2, diz: "Se existem formas que não estão unidas à matéria, cada uma delas será simples por não comportar nada de matéria, por conseguinte nenhuma quantidade, que é uma disposição da matéria. Mas, desde que cada forma determina o *esse* (ser), nenhuma delas é o *esse*, mas pertence ao *esse*. Admitamos, por ex., de acordo com a opinião de Platão, que existe uma forma imaterial que subsiste em si mesma, e que essa forma seja a Idéia (*o eidos*) e a razão dos homens materiais; admitamos, ademais, uma outra, que seja a Idéia e a razão dos cavalos. Será manifesto que a forma imaterial subsistente em si mesma, no momento em que se encontra determinada a tal espécie, não é o ser comum, mas dele participa. Nada será mudado então, se admitimos que essas formas imateriais, como o queria Aristóteles, pertençam a um grau de realidade mais elevado que o das razões das realidades sensíveis. Cada uma delas, com efeito, enquanto se distingue da outra, é uma certa forma especial, participante do *esse*. Nenhuma delas, por conseguinte, será absolutamente simples. Será só verdadeiramente simples aquela que não participa do *esse*, *esse* não inerente, mas subsistente."

Para Platão, as formas não são participantes do *esse*, pois se o fossem seriam singularizadas; elas são poderes do Ser, como já vimos. Seu subsistir não é subjetivo mas formal, como o mostramos, do contrário seriam subjetivamente limitadas, quando, na verdade, são apenas formalmente limitadas. Seria confundir a subsistência formal com a subsistência física, considerá-las como subjetivamente limitadas.

É por essa razão que a participação platônica não é uma participação por composição. A forma não é recebida na coisa; ou seja, o participado não é recebido pelo participante.

Seria um erro pensar que, para Platão, os surgimento dos seres se desse pela recepção da forma pela matéria. No próprio mito do demiurgo (que simboliza a causa eficiente), a matéria é modelada à *semelhança* das formas eternas. A matéria tem a aptidão para ser informada à semelhança das formas eternas. Mas a matéria, se é outro que o ser ativo, não é um não-ser absoluto, o que seria absurdo, mas apenas a díada indefinida do Grande e do Pequeno, da máxima e da mínima determinabilidade. E como tal é ser, pois se não o fosse, um abismo a separaria do ser e tornaria impossível a sua modelação. Interpretar de outro modo Platão, como se tem feito, é instaurar o absurdo em sua doutrina, bem como não compreendê-la em toda a sua extensão. Jamais a participação é a de composição. Há expresso, no pensamento platônico, como o mostraremos ao comentar os seus diálogos, a anterioridade de uma unidade, que precede a toda multiplicidade. O Um Supremo antecede ao *Um-múltiplo* e antecede este ao *um-e-múltiplo*. Tomás de Aquino o afirmava também em *De pot.*, qu. 3, a. 5, quando diz: "Ora, o ser encontra-se comumente em todas as coisas, diferentes, contudo, umas das outras no que elas são. É mister, pois, necessariamente, que o *esse* lhes seja atribuído, não por si mesmas, mas por uma causa diferente e única. Tal parece ser, ademais, o argumento de Platão, que postulava a existência de uma unidade anterior a toda multiplicidade, não somente no número, mas ainda na realidade."

Cada coisa, que é isto ou aquilo, não é o ser, mas o ser isto ou aquilo. O sujeito não é o predicado, mas o tem. O homem não é a humanidade, mas a tem. Os entes se comunizam no ser; este é o elemento comum. O elemento diferencial é dado pela essência.

Dizia Tomás de Aquino em *Summa contra Gentiles* II cap. 52: "Se o *esse*, enquanto tal, fosse comum (a todos os seres) à maneira de um gênero, o *esse* separado e subsistente seria necessariamente único. Mas, se ao contrário, não está dividido à maneira de um gênero pelas diferenças, mas somente porque é o *esse* disto ou daquilo, é mais manifesto, ainda, que o *esse*, subsistente por si, é necessariamente único. Deus, sendo o *esse* subsistente, nada fora dele é o seu ser". Há um só princípio do ser que está acima de todos os entes. Esse ser é o fundamento necessário de todo sistema da participação. Não é ele componente dos seres, como o afirma a participação por composição. O *esse* é puro de toda e qualquer qüididade, como o gênero é puro de toda diferença específica.

Positiva-se desse modo que a doutrina platônica da participação, retamente compreendida, afirma os seguintes postulados:

1) Que a participação platônica, entendida por Tomás de Aquino, é mais justa que as realizadas por outros filósofos que àquela se opõem;

2) que, para Platão, a participação não é por composição, mas por atribuição formal;

3) que entre a *metexis* platônica e a *mimesis* pitagórica há perfeita correspondência;

4) que as formas platônicas tem uma subsistência formal dinâmica, no sentido de poder, na ordem do Ser, que é o Bem;

5) que as idéias de deficiência surgem dos graus intensistamente menores das participações e, portanto, não há formas negativas;

6) que nenhum ser finito pode ter uma perfeição absoluta, porque o imitante, por melhor que imite, jamais alcança a plenitude do imitado;

7) que todo ser participante é um ser composto, e, portanto, tem um número;

8) que as perfeições (já que todas as perfeições são positivas) estão em grau intensistamente máximo no Ser Supremo;

9) que o participante participa do participado proporcionadamente à sua natureza;

10) que a perfeição participada pelo participante não constitui, subjetivamente, o seu ser, mas, sim, a sua posse, que é gradativa. Deste modo, nenhum ser é a perfeição absoluta de uma forma, senão o Ser Supremo, que é a perfeição absoluta de ser;

11) que as formas não são subjetivamente singulares nem universais;

12) que as formas não tem uma localização, e os esquemas eidético-noéticos do homem são ainda um meio de participar a nossa inteligência das formas puras;

13) que o esquema *in re*, nas coisas, a forma nas coisas, é uma lei de proporcionalidade intrínseca delas, um *logos* da coisa, que imita o *logos* da forma pura;

14) que a Díada ilimitada permite a máxima determinação segundo a sua natureza (o Grande) e a mínima (o Pequeno);

15) que a mente humana não extrai a forma das coisas, mas apenas, pela abstração, constrói a forma, que é noeticamente capaz de realizar à semelhança da forma arquetípica.

Como conclusão: a conciliação que realiza Tomás de Aquino entre a teoria platônica das formas e a hilemórfica de Aristóteles é um ponto alto da filosofia, e está perfeitamente justificada pelas análises que fizemos. E se essa conciliação não é ainda bastante para alcançar todas as positividades, que alinhamos anteriormente, não se pode deixar de reconhecer que é, através de Tomás de Aquino e, posteriormente, de Duns Scot, que se abre o caminho que permite a melhor compreensão da teoria platônica.

E essa nossa última afirmação será por nós oportunamente demonstrada, à proporção que comentemos os diversos diálogos platônicos, cuja obra inicial é esta, que escolhemos por ser nela que, realmente, se esboçam, de modo claro e nítido, os primeiros ensaios que Platão, através de Sócrates, empreendeu para expor, exotericamente, a sua teoria.

É o que faremos em nossos próximos trabalhos.

Coleção "GNOSE" —

Volumes publicados:

1. *As Grandes Religiões* — Félicien Challaye
2. *As Sociedades Secretas* — Herman & Georg Schreiber
3. *Fenômenos Ocultos* — Zsolt Aradi
4. *O Poder da Meditação Transcendental* — Anthony Norvell
5. *O Poder das Forças Ocultas* — Anthony Norvell
6. *A Bíblia Estava Certa* — H. J. Schonfeld
7. *O Ensino das Mahatmas (Teosofia)* — Alberto Lyra
8. *Mistérios Cósmicos do Universo* — Adrian Clark
9. *A Evolução Divina da Esfinge ao Cristo* — Édouard Schuré
10. *Raízes do Oculto — A Verdadeira História de Madame H. R. Blavatsky* — Henry S. Olcoot
11. *O Budismo do Buda* — Alexandra David-Neel
12. *Diálogos de Confúcio*
13. *A Sugestão Mental* — J. Ochorowicz
14. *A Magia e o Diabo no Século XX* — Alberto Lyra
15. *Catecismo Budista* — Henry S. Olcott
16. *Além da Razão — O Fenômeno da Sugestão* — Jean Lerède
17. *Os Grandes Iniciados* — Édouard Schuré
18. *A Arca da Aliança* — Michel Coquel
19. *Os Caminhos do Graal* — Patrik Rivière
20. *Os Mistérios da Rosa-Cruz* — Christopher McIntosh
21. *Zoroastro — Religião e Filosofia* — Paul du Breuil
22. *Qabalah — A Doutrina Secreta dos judeus numa Perspectiva Ocidental* — Alberto Lyra
23. *A Alquimia e Seus Mistérios* — Cherry Gilchrist
24. *O Poder da Magia* — Israel Regardie
25. *Reencarnação e Imortalidade* — Alexandra David-Neel
26. *A Religião Astral dos Pitagóricos* — Louis Rougier
27. *Tao Te King / I Ching — O Caminho do Sábio* — Sérgio B. de Brito
28. *A Franco-Maçonaria* — Robert Ambelain
29. *O Mistério de Jesus* — Vamberto Morais
30. *A Meditação pela Ioga* — Vamberto Morais
31. *Retorno ao Centro* — Bede Griffiths
32. *O Pensamento Védico* — Carlos Alberto Tinôco
33. *A Primeira Comunidade Cristã e a Religião do Futuro* — Vamberto Morais
34. *Psicologia Oriental — Os Sete Raios* — Padma Patra
35. *O Tarô Esotérico — O Livro de Toth* — Julio Peradjordi
36. *O Sobrenatural Através dos Tempos* — Marc André R. Keppe
37. *Os Cátaros e o Catarismo* — Lucienne Julien
38. *Santa Verônica e o Sudário* — Ewa Kuryluk
39. *O Sentido da Vida* — Vamberto Morais
40. *O Povo do Segredo* — Ernst Scott
41. *Meditação ao Alcance de Todos* — Henepola Gunarátana
42. *A Deusa da Compaixão e do Amor* — John Blofeld
43. *A Religião do Terceiro Milênio* — Vamberto Morais
44. *O Poder do Som* — Padma Patra
45. *Tratado da Pedra Filosofal de Lambsprinch* — Arysio N. Santos
46. *O Ocultismo Sem Mistérios* — Lorena de Manthéia
47. *As Upanishads* — Carlos Alberto Tinôco
48. *Parábolas para Nosso Tempo* — Vamberto Morais
49. *Pense Grande* — Saly Mamede
50. *Videntes de Cristo* — Adelaide P. Lessa
51. *Histórias da Bíblia — Velho Testamento* — Archer W. Smith
52. *Histórias da Bíblia — Novo Testamento* — Archer W. Smith
53. *MT — O Despertar para o Conhecimento* — Marília de Campos

Biblioteca "EDUCAÇÃO"

Volumes Publicados:
1. *Liberdade sem Medo* — A. S. Neill
2. *Liberdade Sem Excesso* — A. S. Neill
3. *Educação Soviética* — G. L. Kline
4. *Educação e Desenvolvimento* — Vários Autores
5. *Economia da Educação* — John Vaizey
6. *Educação é Investimento* — José Reis
7. *Psicologia Prática no Ensino* — L. Derville
8. *Técnicas Revolucionárias de Ensino Pré-Escolar* — Maya Pines
9. *A Universidade Ontem e Hoje* — M. J. Gomes Tubino
10. *Torne Seu Filho Mais Inteligente* — Joan Beck
11. *A Criança Aprende Brincado* — P. M. Pichard
12. *Liberdade na Escola* — A. S. Neill
13. *Liberdade, Escola, Amor e Juventude* — A.S. Neill
14. *Iniciação à Introdução Programada e às Máquinas de Ensinar* — Kay, Dodd e Sime
15. *Criatividade no Ensino* — Alice Miel
16. *Testes em Educação* — H. M. Vianna
17. *Diário de Um Mestre Escola* — A. S. Neill
18. *Minha Luta Pela Liberdade no Ensino* — A. S. Neill
19. *Como Educar Crianças em Grupo* — M. Winn/M. Porcher
20. *A Revolução Pedagógica-Escola sem Muros* — Bremer e Moschzinken
21. *A Nova Escola do Futuro* — George Denninson
22. *Método Montanari: Reeducação de Crianças Difíceis* — A. J. Montanari
23. *Eficiência e Eficácia nas Universidades* — M. J. Gomes Tubino
24. *Um Mestre na Encruzilhada* — A. S. Neill
25. *Um Mestre Contra o Mundo* — A. S. Neill
26. *Educação Sexual na Escola e no Lar* — Isaac Mielnik
27. *Educação dos Homens Livres* — Horace Mann
28. *Educação Pública nos Estados Unidos* — L. Volpicely
29. *Teoria da Vida Moral* — John Dewey
30. *Educação de Adultos* — C. G. Grattan
31. *Ciência e Educação Liberal* — Blantey Glass
32. *Conversas Com Pais e Mestres* — Homer Lane

33. *Tecnologia Educacional* — M. J. Gomes Tubino
34. *Arte de Ensinar* — Miguel Lucas
35. *Pais Liberados, Filhos Liberados* — A. Faber/E. Maslish
36. *Educação e Ensino* — Emídeo Nérici
37. *História da Educação Brasileira* — J. Antonio Tobias
38. *Tempo de Fazer-Uma Metodologia Vivencial de Educação* — C. M. Ferreira/M. J. P. Raphael
39. *Seus Filhos, o Sexo e Você* — Emídeo Nérici
40. *Introdução a Avaliação Educacional* — H. M. Vianna
41. *Liberdade no Lar* — A. S. Neill
42. *Superação pela Educação* — Emídeo Nérici
43. *Didática Necessária* — Argemiro Karling
44. *Didática no Ensino Superior* — Emídeo Nérici
45. *Contabilidade de Custos* — Lawrence/Ruswickel
46. *Test Your English* — J. M. Gonçalves
47. *Saúde na Escola-1º Grau-Livro do Professor* — Ruth S. Marcondes
48. *Saúde na Escola-1º Grau-Manual do Professor* — Ruth S. Marcondes
49. *Planejamento e Avaliação do Ensino* — P. D. Lafourcade
50. *O Sentido da Arte* — Herbert Read
51. *Curso Avançado de Psiquiatria* — Darcy M. Uchôa
52. *Comunicação e Expressão* — Heraldo M. Vianna
53. *Português Básico Para Estrangeiros* — Sylvio Monteiro
54. *Como Falar no Rádio* — Cyro César
55. *Práticas de Oratória* — Isabel F. Furini
56. *Rádio, Inspiração, Transpiração e Emoção* — Cyro César
57. *Arte de Falar em Público* — Isabel F. Furini
58. *Avaliação Educacional* — Heraldo M. Vianna